MONTESSORI EDUCATION × MULTIPLE INTELLIGENCE

日本閃耀Baby學院理事長
伊藤 美佳
插畫
齊藤 恵
翻譯
王韶瑜

情境漫畫圖解

蒙特梭利 × 多元智能親子教育

萬里機構

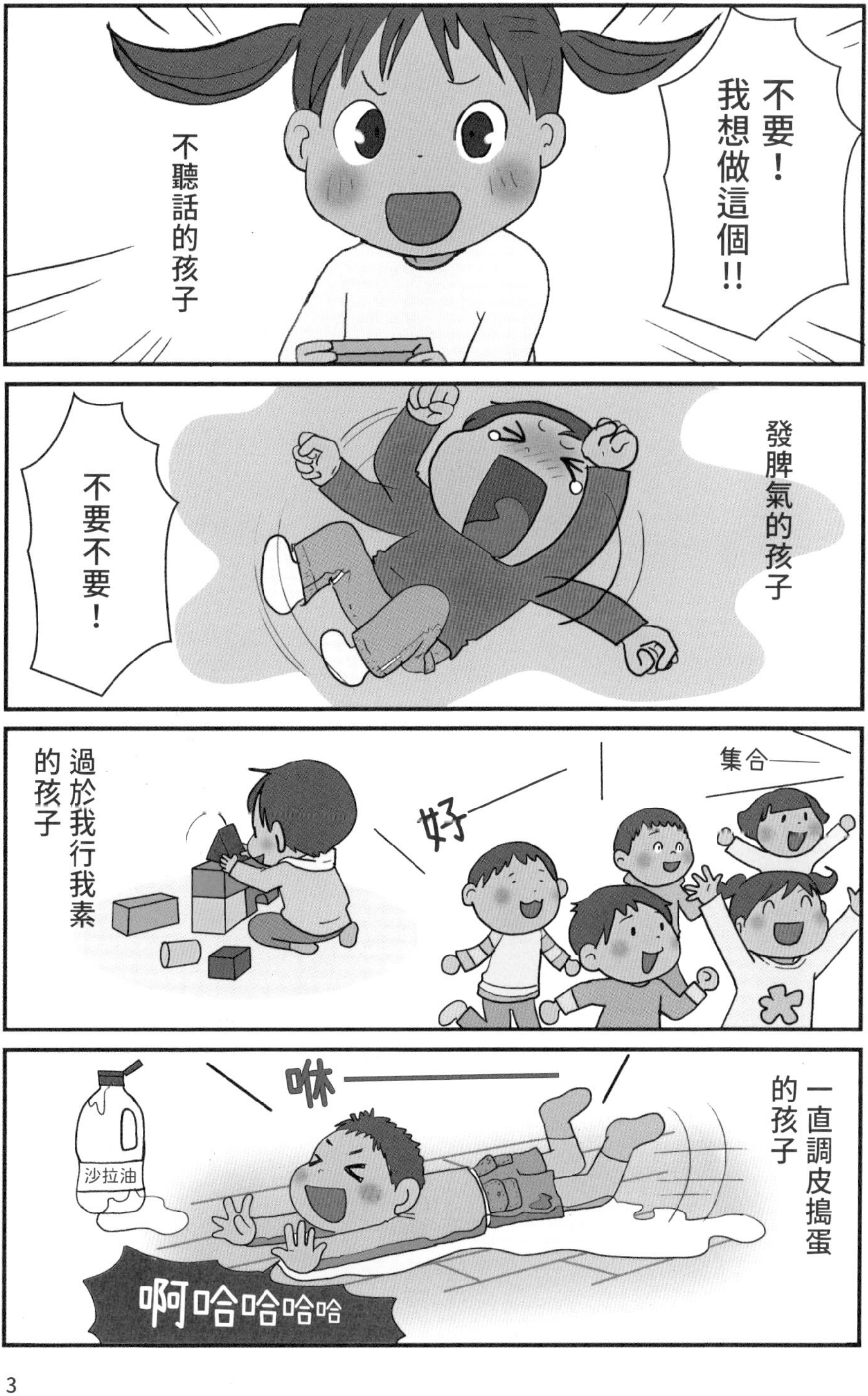
不要！
我想做這個!!
不聽話的孩子
發脾氣的孩子
不要不要！
集合——
好
過於我行我素的孩子
一直調皮搗蛋的孩子
咻——
沙拉油
啊哈哈哈哈

若每天都持續著這種日子…
說不定拼命養育孩子的父母
累趴…
是最筋疲力竭的。
真是受夠了…
這時請你戴上這副眼鏡看看
這是一副能看見孩子天賦的魔法眼鏡

希望激發出
更多我的才能啊
讓我發揮
更多能力嘛
我連這種事都會!!
沙拉油
太棒了！
實驗成功!!

我們想要盡情地
發揮自己擁有的能力!!!
————
可是要讓他們忍耐才行
不然會變得很任性
沒那回事

不讓孩子忍耐，孩子的才能才會開花結果哦！
美佳老師
不要不要——
我要這個
所謂看起來「以自我爲中心」的孩子…
搶到了—
其實有可能是內心並未獲得足夠的滿足感
反正就是會被罵
如果不吵鬧，媽媽就不會看我
什麼都說「不可以」…
我的孩子好像也是跟爸爸在一起時比較優閒自在…
試試看！
嘿—
蹦！
好好吃哦！
嗯！
別太在意 沒關係♡

越認眞的人，越是努力肩負責任養育孩子，所以才會累
我是爲了孩子著想，卻心煩氣躁…
我也不想生氣啊…
特地做好的東西，卻完全不肯吃…
不過…
只要實踐「蒙特梭利×多元智能親子教育」的「閃耀法則」
請笑納
謝謝
笑容
父母自己就會恢復笑容!!
在這個當下，是我在啓發孩子的能力！
孩子的行爲
=
正在發展能力
因爲能這麼想，就可以以愉快的心情面對孩子令人頭痛的行爲

而且自己的想法獲得尊重的孩子，
得以在各個領域喚醒才能，一顯身手

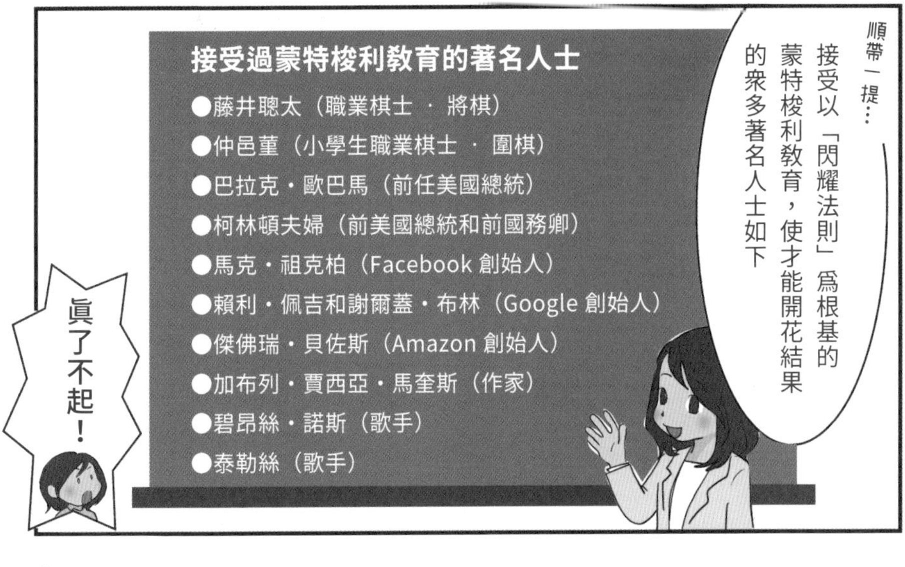

順帶一提…
接受以「閃耀法則」爲根基的蒙特梭利教育，使才能開花結果的衆多著名人士如下
接受過蒙特梭利教育的著名人士
●藤井聰太（職業棋士 · 將棋）
●仲邑菫（小學生職業棋士 · 圍棋）
●巴拉克・歐巴馬（前任美國總統）
●柯林頓夫婦（前美國總統和前國務卿）
●馬克・祖克柏（Facebook 創始人）
●賴利・佩吉和謝爾蓋・布林（Google 創始人）
●傑佛瑞・貝佐斯（Amazon 創始人）
●加布列・賈西亞・馬奎斯（作家）
●碧昂絲・諾斯（歌手）
●泰勒絲（歌手）
眞了不起！

話說…
最近我常耳聞「蒙特梭利教育」…
如果用一句話詮釋蒙特梭利教育的目的，
父母的一臂之力
成長
靠自己的力量站起來
就是「自立」吧
通常是接受老師發號指令的教育…
一般教育
我們來做這個吧
不可以做那個喔
好—
……
總是等待指令的孩子
蒙特梭利教育
該怎麼做才好呢？
我喜歡這樣做
我覺得那樣做才好
蒙特梭利教育讓孩子自行解決所有問題
解決問題的能力
想像力
應用能力
就這麼做做看吧
因爲是用自己的大腦思考，自己選擇人生
我要成為一名歌手
要怎麼做才行呢
練習？試鏡？
我認爲在長大後一定能綻放光芒

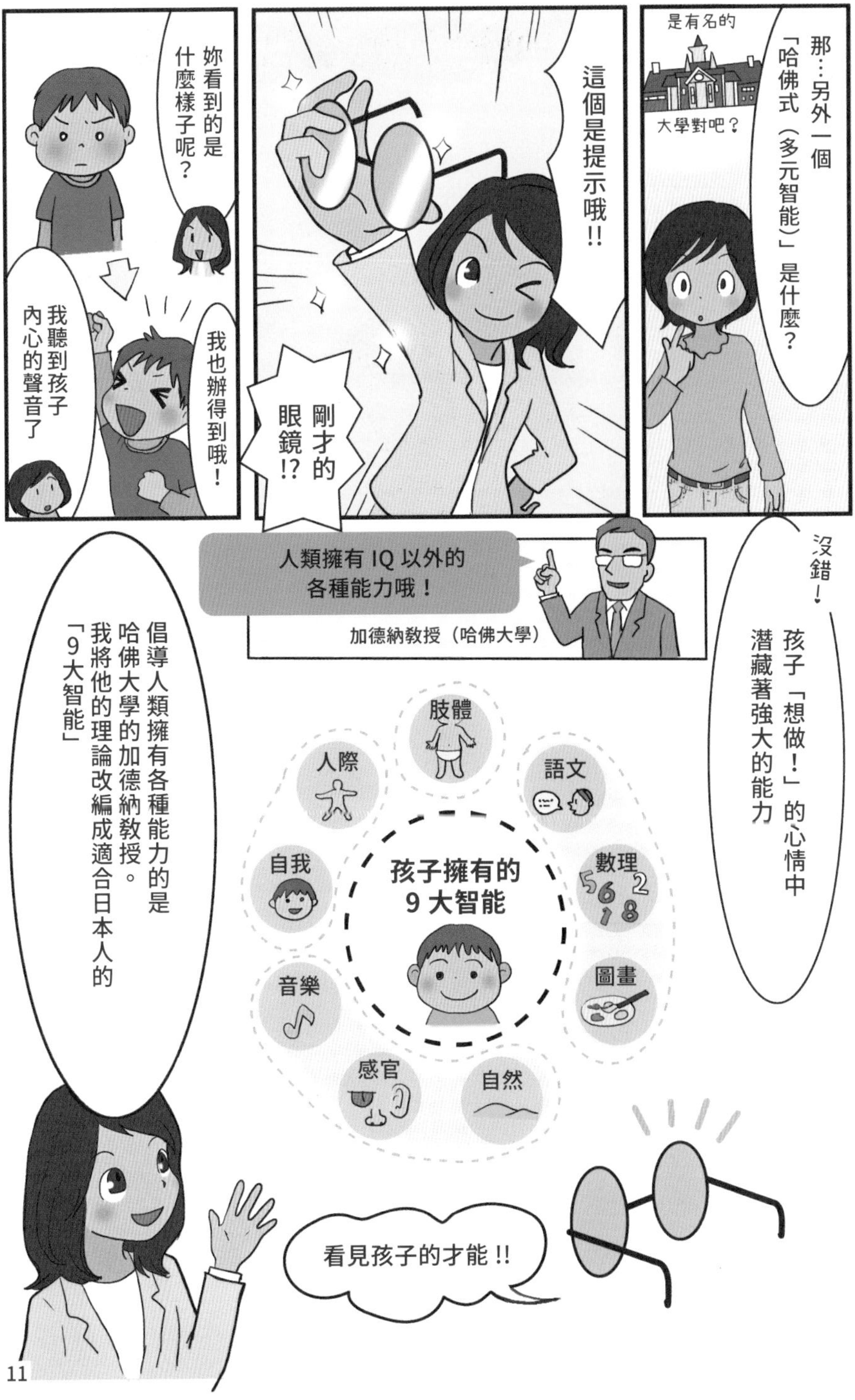
那…另外一個「哈佛式（多元智能）」是什麼？
是有名的
大學對吧？
這個是提示哦!!
剛才的眼鏡!?
妳看到的是什麼樣子呢？
我也辦得到哦！
我聽到孩子內心的聲音了
沒錯！
孩子「想做！」的心情中潛藏著強大的能力
人類擁有 IQ 以外的各種能力哦！
加德納教授（哈佛大學）
倡導人類擁有各種能力的是哈佛大學的加德納教授。我將他的理論改編成適合日本人的「9大智能」
孩子擁有的9大智能
肢體
語文
數理
圖畫
自然
感官
音樂
自我
人際
看見孩子的才能!!

哈佛式

蒙特梭利教育

結合「自立」與「9大智能」的，

閃耀法則 ← 9大智能 ＋ 自立

就是超過 9000 組親子共同體驗的「閃耀法則」

這是我收到來自體驗者的經驗分享

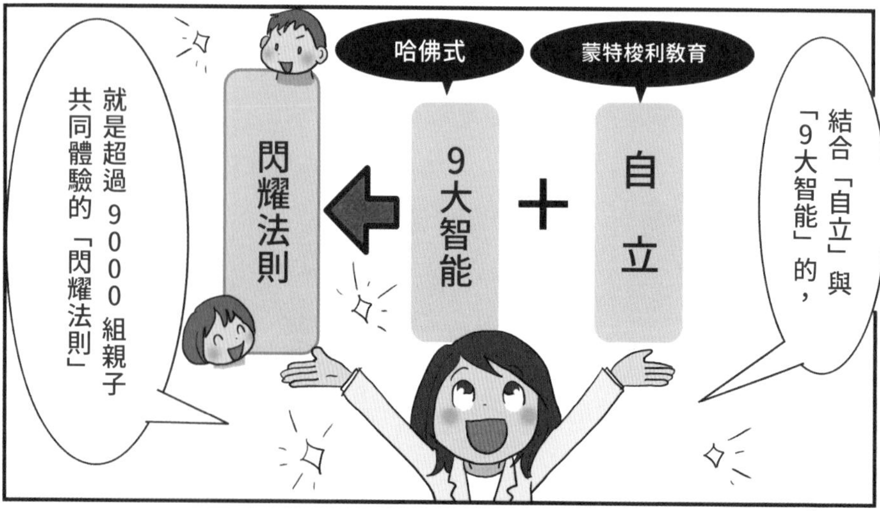

學習 9 大智能，讓我親身體會到孩子不浪費每分每秒想要發揮能力。以前看似毫無意義的行爲，現在則是獲得「原來孩子正在開發能力！」成就的喜悅！
原田珠喜（2 歲孩子的媽媽）

我是一名職業婦女，雖然每天都在和時間賽跑，不過幸好我學習到了發展孩子智能的方法，我那「1 歲超愛調皮搗蛋的二女兒」在短短 1 個月的時間內，就成爲幫忙煮晚餐的好幫手，每天都充滿著感動！
久保田由華（4 歲 &1 歲孩子的媽媽）

好神奇!!

育兒這個機緣，讓我面對了自己許多塵封已久的課題。在我遇見閃耀法則，學會掌握面對自我肯定感很低的自己的方法後，大幅改善了我與丈夫和孩子之間的關係♪
HIROKI 媽媽（3 歲孩子的媽媽）

發憤一定要好好管敎小孩的我…「這樣尊重孩子的心情好嗎！？」讓我吃驚連連。從最眞實的樣子找出孩子天賦的觀察力，卽使在孩子長大後也能成爲自己的財富♪
YOSHINO YUKIE
（4 歲 &2 歲孩子的媽媽）

原來大家都曾經煩惱過…
沒錯！
養育孩子變輕鬆了
即使環境不變，只要改變「與孩子相處的方式」就可迎刃而解！
我最喜歡媽媽
在激發孩子潛能的同時
我將介紹讓育兒越來越輕鬆的「閃耀法則」♪
敬請期待！

第1章

潛藏於孩子行動背後的祕密

調皮搗蛋！
不聽話！

對孩子令人頭痛的行爲感到心煩氣躁 22
令人頭痛的行爲全部來自「父母的視角」

對父母來說雖然是無法理解的行爲⋯ 26
孩子是因爲「想要發揮自己的能力！」而行動

獲得父母包容的孩子，會迅速激發潛能 30
盡情發揮後，就會想要發展其他能力

父母本身開心地養育孩子，心情自然也會變得輕鬆 34
就連調皮搗蛋也能以正面的態度看待

就算是常被罵的孩子也有無限潛能！ 38
每個孩子一定都擁有「才能」

第2章

蒙特梭利教育培養扎實的自主力和專注力

6歲以前的「教養方法」足以改變孩子的未來

成爲能用自己的大腦思考，自己選擇人生的孩子 44
不是「等待指令」，而是「自動自發的孩子」

0～3歲的大腦吸收力是「最好的」 48
在孩子3歲以前給予多元的刺激

父母可以在孩子最重要的大腦成長期贈與孩子的禮物 52
奠定人格和人生根基的重要「敏感期」

作爲生活基礎的各種能力也是在6歲以前奠定 56
所有能力的根基在嬰幼兒時期習得

「專注力」的祕密 60
處於專注狀態的孩子會「嘟起嘴巴」

第3章

哈佛式

在世界上大展身手啓發才能的「9大智能」

何謂「專注力」所需具備的「心流」？ 64

小時候如何經歷「心流狀態」是關鍵

進入「心流」的「5個階段」 68

發掘孩子學力以外豐富多彩的「9大智能」 74

你將看見過去不爲人知的「孩子的才能」！

取得「全方位的平衡」才是正確答案！ 76

無論哪種才能都得以好好發展

培養出運動神經優異的孩子！**「肢體」智能** 78

培養出善於表達的孩子！**「語文」智能** 82

培養出有邏輯概念的孩子！「**數理**」**智能** 86
培養出有創意的孩子！「**圖畫**」**智能** 90
培養出感受力豐富的孩子！「**自然**」**智能** 94
培養出有品味的孩子！「**感官**」**智能** 98
培養出有節奏感的孩子！「**音樂**」**智能** 102
培養出溝通能力強的孩子！「**人際**」**智能** 106
培養出目標達成率高的孩子！「**自我**」**智能** 110

第4章

蒙特梭利風

8個與孩子的相處之道

方法1 接納孩子的一切 116

方法2 讓孩子自己選擇 120

方法3 信任、等待 124

方法4 讓孩子做到心滿意足爲止 128

方法5 讓孩子自行解決問題 132

方法6 不糾正錯誤 136

方法7 與孩子一同創造「歡樂」時光 140

方法8 多和孩子在大自然的環境中玩耍 144

第5章 蒙特梭利注重的 0~6歲的教養方法

0歲 「這個到底是什麼…？」總之就是好奇寶寶！ 150
關鍵字 「探究心」

1歲 一連串的「我會了！我會了！」真開心 154
關鍵字 「自己決定」

2歲 自己做做看！「好想做、好想做」的時期 158
關鍵字「幹勁十足」
3歲 想堅持到底！想體會充實感和滿足感 162
關鍵字「成就感（堅持到底的能力）」
4歲 如果是自己想做的事就願意好好等待！ 166
關鍵字「願意等待的能力」
5歲 想發揮想像力盡情地玩！ 170
關鍵字「創造新事物」
6歲 和夥伴一起完成事情很開心！ 174
關鍵字「協調能力」
結尾 獻給未來綻放閃耀光芒的孩子們 178

第 1 章

調皮搗蛋！ 不聽話！

潛藏於孩子行動背後的祕密

對孩子令人頭痛的行爲感到心煩氣躁

調皮搗蛋！不聽話！

令人頭痛的行爲全部來自「父母的視角」

育兒原本就已經夠讓人手忙腳亂了，大家都會有過一旦孩子不聽話就心煩氣躁，便對孩子咆哮怒吼「該適可而止了吧！」、「我說不行就是不行！」的經驗吧……？

比方說把抽屜裡的東西全部翻出來，或是丟食物玩，甚至是畫畫在地板或牆壁上……。從媽媽的角度看來是「令人頭痛的行爲」，各位知道其實在事情的背後有其含意所在嗎？

「你是一個總是調皮搗蛋的孩子」、「爲什麼一直做這種事情呢」。沒錯，這就是以父母的視角出發所說的話。

毫無疑問，孩子並不想讓父母傷透腦筋，他們只不過是在當下天眞地做著自己想做的事情罷了，況且這也是孩子正在努力成長的徵兆。若能理解此點，你對孩子的觀點就會有所改變。

令人頭痛的行爲

畫畫在地板上，讓人覺得「是不是故意做的？」

孩子心中　　大人觀點

POINT!

孩子並不認爲自己「正在讓父母傷腦筋」

畫畫代表手部靈巧度，是發展感性的重要動作。請提供孩子可以自由繪畫的紙。

讓孩子盡情地畫畫吧！

在地上鋪一大張紙，

以孩子畫畫在地上爲例，在父母眼中看來或許是一個「令人頭痛的行爲」，但是那只不過是孩子「我想在這個當下做這件事！」而已。**「我想做這件事！」，意即代表「現在我想發展這項能力！」的成長象徵。**

這種時候就幫孩子鋪一大張紙等，營造「可以自由繪畫的地方」，並且告訴孩子「你可以畫在這裡喔」、「在這裡面可以愛怎麼玩就怎麼玩喔」，讓孩子可以在裡面盡情玩耍。

關鍵在**父母不要心煩氣躁或發怒，而是找出可以溫柔守護孩子的方法，讓孩子在允許範圍內自由玩耍。**

如此一來，孩子就能帶著一份「安心感」盡情發揮自己的能力。

請美佳老師告訴我！

這時候該如何是好？？

1歲8個月的孩子有多少專注力呢？還以爲我兒子正在全神貫注時，他卻把目光轉移到其他物品上…。

（MO女士，孩子1歲8個月的媽媽）

Answer **孩子的專注時間，大約是「年齡數字+1分鐘」**

據說嬰幼兒的專注時間大約是「年齡數字+1分鐘」。雖然時間短暫，這也意謂孩子還不明白玩具的玩法。首先，大人請用孩子現在感興趣的玩具，開開心心地持續示範各種玩法給孩子看。漸漸地，孩子專注的時間就會拉長。由於孩子的成長快速，請慢慢提升難度給孩子看。

傷腦筋⋯⋯　好想讓他停下來⋯⋯

對父母來說雖然是無法理解的行爲⋯

！孩子是因爲「想要發揮自己的能力！」而行動

孩子做出令人頭痛的行爲背後，其實蘊藏著孩子「我想發揮自己的能力！」、「我想激發出更多的能力！」的心聲。

例如有孩子會從面紙盒中抽出許多面紙。孩子看到凸起的物品，就會想要把它捏起來。這就是對「這個是什麼？」充滿好奇心的證據。**或許在父母眼中是一個令人頭痛的行爲，然而孩子只不過是透過「抽取面紙」，本能地想發揮「抽取的能力」罷了。**用眼睛仔細捕捉目標對象伸手拉扯這種眼部與手部的協調運動，是相當高度的發展。再者，把很多玩具拿出來在凌亂的房間內玩耍，說不定也是想要抓著玩具按照自己的想法讓玩具動，亦或是在大腦中想像許多事情，沉浸在幻想的世界裡⋯⋯。

令人頭痛的行爲　把所有玩具全部拿出來，把房間弄得亂七八糟！

孩子心中　　大人觀點

POINT!

孩子只是想用各種玩具測試自己的能力而已

孩子會使用玩具，在自己想像的世界裡享受樂趣。不要限制孩子的好奇心！

總之就是讓孩子玩得盡興！

決定好可以把玩具拿出來玩的範圍，

即使明白讓孩子盡情自由地玩耍很重要，但每次下來，扮演收拾玩具角色的媽媽會感到相當疲憊吧。**請先決定好可以把玩具拿出來玩的範圍，讓孩子在這個範圍內玩得盡興**。決定好「在這個墊子上可以要拿多少就拿多少玩具喔」、「你可以愛怎麼玩就怎麼玩，但是要收拾好玩具喔」的範圍，讓孩子遵守規定。

不用多說，沒有孩子可以打從一開始就能做得完美。但是孩子會牢記**「和媽媽約定好的事情」以及「媽媽容許我做的事情」，進而慢慢地建立起信賴關係。**

「不可以做那個！」被禁止所有行為的孩子，時時處於燃燒不全的狀態，有可能長大後與父母的關係惡劣，成為精神不穩定的孩子。

請美佳老師告訴我！

這時候該如何是好？？

孩子以前都會在約定好的時間內玩耍，但是最近卻跟我說「我不要！我不要決定時間，因為還有很多事情想做！」，時間一點一滴地過去，好累⋯。

（小 CHI，孩子 2 歲 10 個月的媽媽）

\\Answer// **這是大腦高度發展的證據哦**

孩子每天都在成長。如果孩子自己告訴你「我有很多事情想做！」的話，那就是「意欲的表現」。這就是以前即使是短暫的時間也能獲得滿足，如今大腦已高度發展成想要追求更多、想做更多研究的證據。儘可能讓孩子滿足，並且由他自己決定結束的時間，給他更多的時間吧。建議可以與孩子談談，共同決定時間。

那個也想做
這個也想挑戰

獲得父母包容的孩子，會迅速激發潛能

！盡情發揮後，就會想要發展其他能力

只要我說不要制止孩子想做的事情，而是要讓他們盡情發揮的時候，就會有人說「會不會變成任性的孩子？」、「會變成無法忍耐的孩子」、「好像會變成喜新厭舊的孩子」等。

不過各位大可放心。比較有問題的，倒是「我被迫放棄做喜歡的事情」、「我被限制住了」、「只要做喜歡的事情父母就會生氣」這種想法。

父母允許自己做喜歡的事情的孩子，會變得信賴爸爸和媽媽。於是就會感到安心，得以投入更多專注力在喜愛的事情上。

只要讓孩子隨心所欲地做，到了某個時間點他的臉上就會露出滿足的表情，繼續下一個遊戲。**這絕不是厭倦了，而是因爲那個孩子已經完成那件事，得以盡情發揮自己的能力**。於是，他又轉而開始關心起發展其他的能力。

令人頭痛的行爲

對喜歡的事物很快就變心感到厭倦…

OK 父母的行爲

NG 父母的行爲

POINT!

「做事貫徹到底」時，就會想發展其他的能力

孩子的嗜好與感興趣的事物會「轉移」。如果孩子想做的事情改變，讓他一直做下去也沒關係！

「我喜歡這個！」的意願吧！

支持孩子「想發揮能力！」、

就算讓孩子做想做的事情也並不會使他變得「任性」。**倒不如說，孩子得以從「被父母包容」的信賴感當中學習掌握好好控制自我的能力。**

若持續放任式育兒，恐怕會成爲大家所說的「調皮」的孩子。然而只要改變觀點，就能培養成爲活力充沛、樂於挑戰自我的孩子。長大後也會毫無保留地發揮嬰幼兒時期培育出的能力。

自小就有「被父母接納」安全感的孩子，長大後也會與周遭建立起良好的人際關係，精神上也會趨向穩定。

只不過父母也無須隱忍，事前告知不希望孩子做的事情也是很重要的。

請美佳老師告訴我！

這時候該如何是好？？

我的孩子即將滿 4 歲了，他總是重複著一樣的遊戲，感覺好像沒有培養出想像力，令我忐忑不安。不要管他也沒關係嗎？

（MAIMAI，孩子 3 歲 11 個月的媽媽）

Answer **培養不輸 AI 的創造力與想像力吧！**

孩子的想像力會透過經驗而膨脹。各式各樣的經驗，會幫助遊戲的發展。如果覺得遊戲落入一種模式的話，請告訴孩子「今天我們用這種玩法玩這個玩具看看吧」，向孩子示範有別於以往的遊戲方式。親子共同研究「不同的玩法」，與培養出未來不輸 AI 的創造力與想像力有著密不可分的關係哦。

是我在培養孩子的能力♪

父母本身開心地養育孩子，心情自然也會變得輕鬆

！就連調皮搗蛋也能以正面的態度看待

讓孩子無拘無束做自己想做的事所帶來的好處，並非只有孩子受益。事實上，父母對孩子的觀點發生變化，自己的心情也將變輕鬆。

就算從父母的角度看起來像是「令人頭痛的行爲」，其實只要理解「孩子現在眞的在長大！」，父母就不再心煩氣躁，然後改以「也罷，就讓他做做看吧」的從容態度對待。

不僅如此，看著調皮搗蛋渾然忘我的孩子，也能以「孩子正在如此專注地發揮自己的能力和才能！」的正面態度看待。

「以前我生孩子的氣，到底是爲了什麼？」、「我是在心煩氣躁什麼？」，對孩子的看法發生180度的轉變，養育孩子就會變得開心。

令人頭痛的行爲

大人明明很忙，孩子卻玩得遲遲不肯罷休！

OK 父母的行爲

NG 父母的行爲

孩子現在確實正處於成長階段！

POINT!

孩子全神貫注投入遊戲當中，是因爲正在發揮驚人的專注力。如果能這麼想，心情才會輕鬆！

「最了不起、最偉大的存在」！

父母是支持啓發孩子才能

父母與孩子對時間流逝的感覺不同。

請你回想一下自己小時候，是否曾經有過在外面玩得很開心，不知不覺天色就變暗的經驗？正處於全神貫注狀態的孩子，會渾然忘我到幾乎忘記時間。

像這樣「我已經夠忙了，到底要玩到什麼時候！」、「做家事的時間都沒了！」，就在即將開始感到不耐煩的時候，稍微喘一口氣。**請抱持「這孩子是用自己的方式思考後才做出這樣的行爲呢」、「我好想讓這孩子盡情地發揮他的才能啊」正面思考看看。**

如此一來，最開心的就是父母本身將如釋重負，心中產生餘裕，繼而開始支持孩子並且積極尋找能集中注意力的遊戲。

請美佳老師告訴我！

這時候該如何是好？？

當事情不如孩子所願時，他就會故意打開瓦斯爐的開關或是打翻盤子。因爲很危險，好想制止他！

（Hiro，2 歲孩子的媽媽）

Answer **做父母不喜歡的事情時，是一種「欲求不滿」的表現**

當事情不如孩子所願時，會演變成欲求不滿，轉而尋求刺激。父母「不可以」的反應，儼然是一種刺激。孩子爲了發洩欲求不滿的心情，會故意做出父母不喜歡的行爲。首先，就算孩子好像要去摸瓦斯爐的開關也無須過度反應，反而要冷靜地制止他的行爲，吸引他去玩可能感興趣的遊戲。再來就是仔細觀察哪個地方不如孩子所願，給予孩子受挫時的支持。

動作慢半拍……

太我行我素

就算是常被罵的孩子也有無限潛能！

！每個孩子一定都擁有「才能」

在幼稚園或保育園裡，會出現無法集體行動，或者只喜歡我行我素獨自做喜愛的事的孩子。也有馬上就發怒或隨時都在恍神發呆的孩子。這群就是一般所謂「灰色地帶」的孩子們。

然而，從我接觸超過2萬名孩子的經驗得知，這群被視爲「特立獨行的孩子」，正是「一群人才」。**不以「令人頭痛的孩子」的眼光看待，而是視爲「正在發展自己的才能」，「相信並等待」，孩子必定會有所改變。**

只要改變看法，「孩子的動作慢半拍」就會轉化爲「專注力高」，「發呆恍神」轉念爲「想像力豐富」。**每個孩子都有與生俱來的天分，並且擁有激發自己天分的能力。**是揠苗助長，還是助芽成長？都取決於父母。若是那樣，你不會想要幫助孩子盡情發揮成長嗎？

令人頭痛的行爲　我行我素，動不動就發怒…不知爲何總覺得好難教！

孩子心中

大人觀點

POINT!

不要去斥責孩子的行爲，而是要改變對孩子的看法！

請試想孩子其實想要怎麼做，以及是怎麼想而採取那樣的行動。

孩子會穩定得令人吃驚！

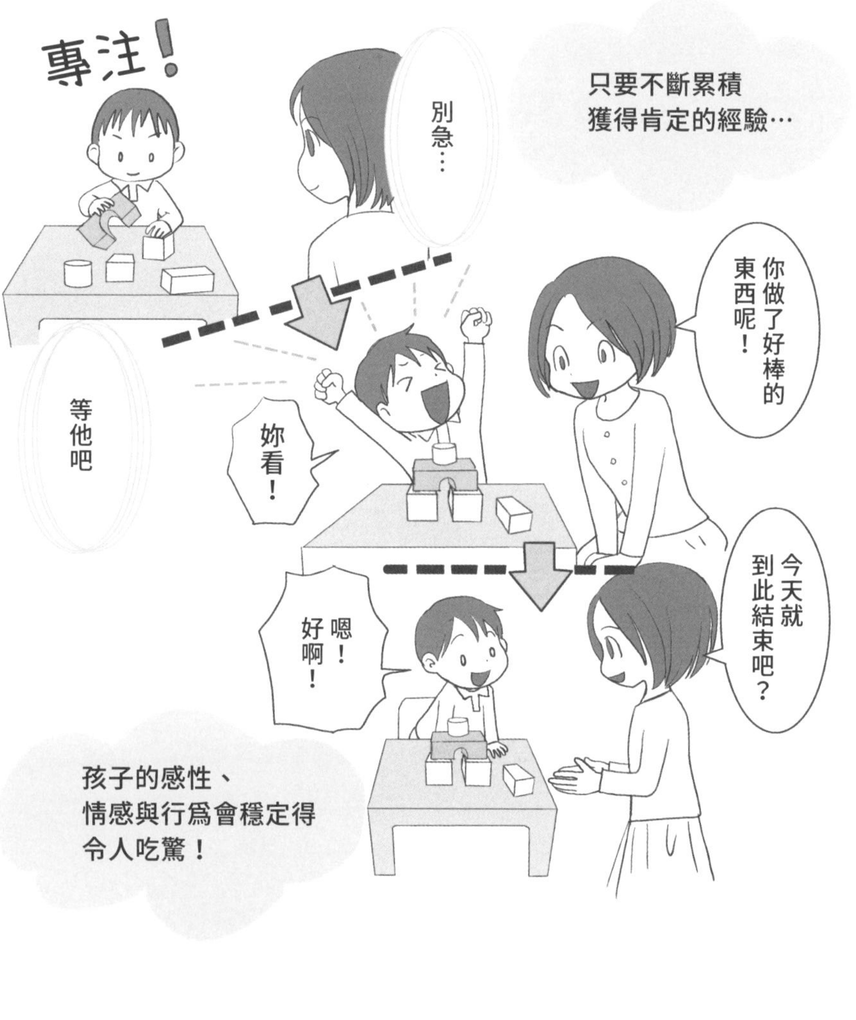
專注！
別急…
只要不斷累積
獲得肯定的經驗…
等他吧
妳看！
你做了好棒的東西呢！
今天就到此結束吧？
嗯！好啊！
孩子的感性、
情感與行爲會穩定得
令人吃驚！

只要等待孩子的步調，

不要催促我行我素的孩子，而是相信並等待，或許這需要耐性，畢竟父母終究是父母，每天要做的事多得不計其數。我自己也有養育3個子女的經驗，所以十分清楚。

然而從孩子的角度來看，「獲得信任與守候」和「自己受到父母肯定」的寶貴經驗有著密不可分的關係。

反覆被認可的孩子會自行發生轉變。儘管會花一些時間，但透過與父母的信賴關係，孩子的內心將獲得平靜，變得坦誠溫和。另一方面，父母經常生氣，並且不斷被否定的孩子會失去自信，最後有可能無法發揮與生俱來的才能。

自小體會「把想做的事做得徹底所獲得的滿足感」長大的孩子，想必在未來會一口氣地讓才能開花結果。

請美佳老師告訴我！

這時候該如何是好？？

自從老二出生後，老大就開始變任性了。老二開始哭起來的時候就算我想回家，老大也不理不睬的⋯。

（Haru & Aki 媽媽，3 歲 & 6 個月孩子的媽媽）

Answer 提早預告結束遊戲的時間！

有了老二後，老大忍耐的機率就會增加。當然這是無可奈何的，但是老大會「希望媽媽理解」這件事。有意識地營造與老大悠閒共度的親子時光，多說些「謝謝你」等心靈豐足的話，孩子的心就會平靜下來哦。此外，也要提早預告結束遊戲的時間。

第 2 章

蒙特梭利教育培養扎實的
自主力和專注力

6 歲以前的
「教養方法」
足以改變孩子的未來

被安靜守護的孩子才會成長！

成爲能用自己的大腦思考，自己選擇人生的孩子

不是「等待指令」，而是「自動自發的孩子」！

本書的主題蒙特梭利教育，是由義大利首位女醫師瑪麗亞・蒙特梭利所提倡。蒙特梭利教育的基本理念，是「孩子與生俱來自我成長發展的潛能。身爲大人的父母與教師必須掌握孩子的成長需求及保障其自由，徹底扮演好支援孩子自動自發活動的角色」。

聽起來有點難以理解，我個人的解讀如下：蒙特梭利教育的根基，在「孩子的自立，父母是陪伴守護在孩子身邊的重要存在。絕不是伸出援手、悉心照料，而是扮演啓發孩子潛能的角色」。

不是「對別人的要求老實照辦的孩子」和「等待指令的孩子」，而是要他們成爲「能夠用自己的大腦思考，自己選擇人生的孩子」。先從改變父母在家與孩子的相處方式做起吧！

「出手干涉」不如「靜靜守護」，孩子才會有所成長！

OK 父母的行爲

NG 父母的行爲

POINT!

孩子並不是想要媽媽的照管

只要以「孩子能夠自己做任何事」的心態看待孩子，他們眞的就會成爲那樣的孩子！

養育孩子就會變開心！

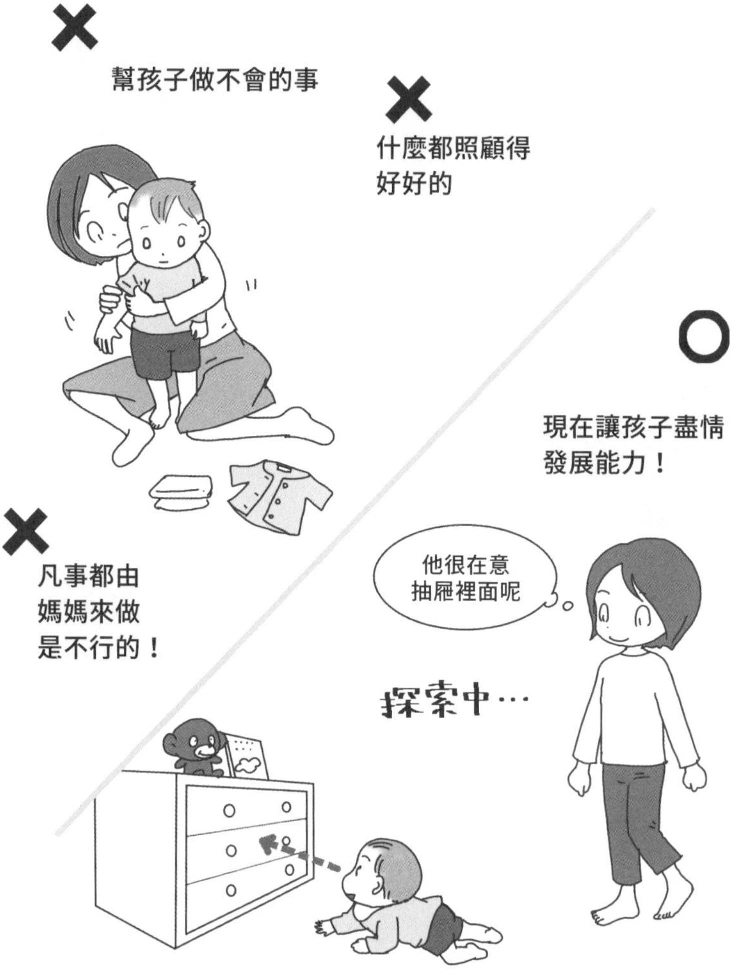

×
幫孩子做不會的事
×
什麼都照顧得
好好的
○
現在讓孩子盡情
發展能力！
×
凡事都由
媽媽來做
是不行的！
他很在意
抽屜裡面呢
探索中…

一旦決定「要激發孩子的潛能」，

培養孩子的自主力，是蒙特梭利的特色。實踐蒙特梭利教育的幼稚園，準備了可以讓孩子無拘無束的環境。

有別於一般幼稚園是由老師來決定「我們來做那個吧」、「不可以做這個」，接受蒙特梭利教育的孩子們，則是依照自己的心意決定自己接下來要做的事情。

這與在家庭教育孩子的時候沒有任何分別。**確保孩子的安全爲前提靜靜守護，能在這樣無拘無束環境下成長的孩子，會自己激發出想要發展的能力，成爲懂得用自己的大腦思考並且付諸行動的大人。**

孩子將來即使出了社會，也不會成爲所謂「等待指令」的人，而是自我創造出全新的事物與價值觀。

請美佳老師告訴我！

這時候該如何是好？？

就算我說「你看」然後示範給他看也完全不理我。結果他因爲不會做而生氣，我把玩具拿過來想再做一次給他看他就嚎啕大哭…。

（黃豆粉，2歲7個月孩子的媽媽）

Answer 人類討厭「被強迫做事情」

人類討厭「被強迫做事情」。不必示範給孩子看，就算他在玩別的東西也好，請在他身旁讓他看媽媽玩得很開心的樣子。只給他看他就能自然而然學會遊玩的方式。如果孩子依然不會做而感到不知所措，就會來向媽媽求救。這個時候，在需要協助的地方伸出援手即可。

大腦的基礎在6歲前發育完成

0～3歲的大腦吸收力是「最好的」

！在孩子3歲以前給予多元的刺激

據了解，讓孩子從小透過玩耍體驗各式各樣的經歷，已知在腦科學上也會帶來益處。寶寶出生時大腦已經擁有多達140億個神經細胞。透過這種神經細胞的大量串連，就可以有效運作大腦機能。

神經細胞會透過每次新事物的學習與體驗串連在一起，產生全新的網絡，是與生俱來的編程。

然而，據說從腦科學角度來看，人在超過3歲之後，即使給予刺激，神經細胞也不易串連在一起。**因此要在孩子滿3歲以前的時期，從各方領域刺激神經細胞，就會幫助形成更多的網絡。**奠定網絡的根基，足以影響到未來的能力。

不過若已經超過3歲，也不必對此感到悲觀。據說只要在約6歲上小學前有某種程度上的體驗，就有很大的機會可以彌補。

不會開口說話的寶寶也有自己的想法！

孩子心中

大人觀點

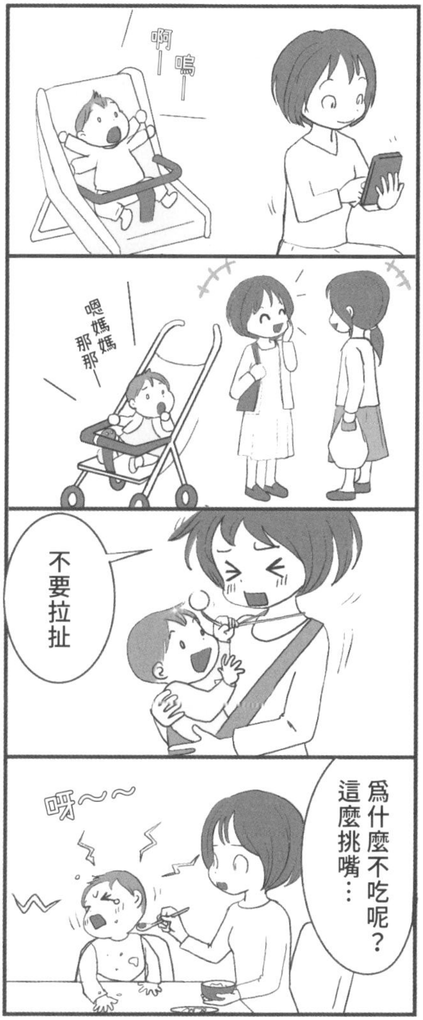

嘗試傾聽「孩子內心的聲音」！

POINT!　寶寶雖然還無法說話，但是已經會發出想做或不想做的訊號。請觀察看看！

都能「理解」各種事情

寶寶也有自己的想法
也能充分理解媽媽說的話
我喜歡紅色
亮晶晶的東西
抱歉，今天電車會搭比較久一點哦
在電車上也…
那個紅色的東西是什麼呢…？
孩子所想的、看的、
感受的，遠比父母
所認爲的更多

連無法言語的嬰兒，

「寶寶只會躺著和坐著。反正大人說的話也聽不懂……。」

如果你是這麼想的，那就大錯特錯了！比方說你給寶寶看好幾個玩具，他會伸手去拿感興趣的玩具，除了自己的所見所聞，也能充分理解父母所說的話。

特別從0～3歲，是由全身吸取所有透過五感體驗的時期。

別認爲「給他看也沒用」、「跟他說也是白費力氣」，請提供孩子全方位的體驗。即使無法開口說話，在孩子的大腦當中，神經細胞卻是以猛烈的速度串連在一起。換句話說，也就是在柔軟的頭腦裡，輸入了大量的訊息。

在這段時期，如果只是讓孩子躺在家裡而不給予任何刺激，原本得以發展的潛能就會一直保持沉睡的狀態。

請美佳老師告訴我！

這時候該如何是好？？

我家的孩子正值反叛期。做什麼事情都是不要不要！就算是幫他的心情說話他還是大哭大叫，想等他冷靜下來他卻還是哭個不停。我根本沒辦法做想做的家事…。

（粉圓，2歲6個月孩子的媽媽）

Answer　反叛期是培育自制力的時期

自己控制自己的心情，是培育自制力很重要的一環。幫孩子說話卻還是無法停止哭泣的時候，媽媽可以告訴他「哭完之後再過來媽媽這裡哦」，然後繼續進行家事或準備工作。如果孩子可以在哭完後過來，就說「你自己不哭了呢」，然後用好玩的遊戲或美味的餐點幫助他轉換心情。

為了成為才華洋溢的大人

父母可以在孩子最重要的大腦成長期贈與孩子的禮物

！奠定人格和人生根基的重要「敏感期」

在孩子成長過程當中，會有「在某段時期，發展某項能力」的特別時期。蒙特梭利教育將這段時期稱之為「敏感期」。年齡以到6歲為止為黃金時期，特別是奠定未來人格與人生根基的發育敏感期，在3歲以前最為強烈。這與稍早所述腦神經細胞的網絡串連在一起的時期一致，絕非偶然。

敏感期是由生物學家德弗里斯所發現。原本意指生物在「某段特定時期」發揮本能。蒙特梭利教育認為這段敏感期也可以實際應用於人類身上。**換句話說，就是寶寶出生時就已經具備發展與生俱來能力的適當時期。**

在敏感期激發進而發展先天潛能，所需具備的就是玩耍和運動，屬於一種溝通手段。

孩子只是單純覺得「好玩」而已！

孩子心中

大人觀點

試想孩子調皮搗蛋的理由！

POINT!

在孩子看起來像調皮搗蛋的行爲背後，隱藏著「想試試看」和「想玩耍」的心情。

可能是正值「想發展能力」的時期！？

睡午覺了

換尿布了

餵他喝奶了

抱他了

卻仍然「哭泣」的理由是？

寶貝其實
還想玩呢…♡
這個、那個
都想做

因為還想再玩！

如果是因爲「還想再玩！」而哭泣，

我認爲孩子是想要透過「遊戲」和「玩具」來成長與發展能力。寶寶哭泣或許是因爲「肚子餓了」、「想睡覺」、「想換尿布」等生理因素，最常有人說的是基於「因爲寂寞」這個理由。媽媽們是不是雖然會儘量抱抱孩子讓他們停止哭泣，卻仍因爲孩子哭鬧不止而傷透腦筋？

事實上以「還想再玩（想發展能力）」爲由而哭泣的孩子，不在少數。

只要拿走玩具，寶寶就會哭泣。這個時候，寶寶常有「全心投入於玩具，想要發展更多能力！」的想法。實際上拿玩具給沒來由一直哭的寶寶，他會馬上停止哭泣並且專注於玩具上，是常有的事。在「寶寶哭了就抱」之前，請先試想「或許是還想玩？」的可能性。

請美佳老師告訴我！

這時候該如何是好？？

最近我的孩子時常發出類似「啊—」的高分貝聲音。因爲在商店或電車裡也會發出尖叫聲，我很在意四周目光…。

（野貓軍團，0歲9個月孩子的媽媽）

Answer 教孩子「轉換心情」的方法吧

可以說這是因爲聽覺變發達，能夠發出及辨識自己的聲音，並且以這件事爲樂的時期。請在進入商店或醫院等公共場所入口前告訴孩子「從這裡開始要保持安靜」，來轉換心情。每當孩子在公共場所裡發出聲音，就要用平淡的語氣對孩子「噓」，會得到不錯的效果。

邏輯性思考
溝通能力等等

作爲生活基礎的各種能力也是在6歲以前奠定

！所有能力的根基在嬰幼兒時期習得

截至6歲爲止，在這段時期給予大量的刺激與豐富的體驗，就能提升各式各樣的能力。

比方說運動能力。嬰兒手舞足蹈或是動動手指，從呱呱墜地的瞬間就開始學習運動。其中又以手指被稱爲第二大腦，越常使用手指，越能刺激大腦拓展網絡，激發全方位的潛能。再者，這段時期是五感顯著發展的時期。多方刺激五感，就會成爲感受力豐富、表達能力好的人。更積極地與孩子說話，語言能力也會有所發展。

此外，**邏輯性思考、空間認知能力、溝通能力等奠定日後人生根基的能力，全部都是在這段時期習得。**

別錯過0～6歲的時期！

OK 父母的行爲

NG 父母的行爲

POINT!

「過往經驗」將關係到日後的差異！

一旦以危險或整理起來太費勁爲由處處禁止，孩子日後要掌握該項能力會更辛苦！

與孩子的「確切自信」息息相關！

不斷累積「辦到了！」的經驗，

現在認爲「安全第一」的父母不斷地增加，而且往往傾向於「制止」孩子的種種行爲。當然，父母的擔心是能夠理解的。眞正危險的事情固然不能做，但是在父母看得到的安全環境中讓孩子經歷各式各樣的體驗，是激發能力相當重要的關鍵。

一旦在0～6歲剝奪孩子發展的機會，就會錯失發展能力的時期。

另一個重點，就是不必太過在意成長速度，畢竟成長速度存在個體差異。也有原本成長速度緩慢，到後來卻急遽成長，成爲活躍亮眼的孩子。無須與其他孩子比較或感到焦慮，請順應孩子的發展與成長，賦予孩子多元的體驗。

「辦到了！」的經驗，與孩子的自信息息相關。

請美佳老師告訴我！

這時候該如何是好？？

我的孩子只要一有不會做的事，就馬上發脾氣哭鬧而放棄。不得已只好由我代爲完成。要怎麼做才能讓他有耐性呢？

（Ryu，2歲4個月孩子的媽媽）

Answer　爲了成爲能夠自行解決問題的孩子

孩子的想法是「希望能夠自己完成事情」。因此，對於辦不到的事會感到難過。請找出孩子受挫導致無法辦到的原因。由於孩子會因爲一點小事就受挫而無法完成事情，只要在那個部分告訴他該怎麼做就好。只要持續從旁輔助「要怎麼做才能順利進行？」，就會讓他搖身一變成爲「懂得解決問題的孩子」。

激發所有智能！

「專注力」的祕密

處於專注狀態的孩子會「嘟起嘴巴」！

至此我已經說明了「啓發孩子能力」的重要性，我似乎還聽得到「孩子的能力會在什麼時候發揮出來」、「父母怎麼知道孩子是不是正在發揮能力」的聲音。其實有幾個要點，可以知道孩子現在正處於奠定猛烈吸收、發揮能力的根基的階段。

那就是「正在全神貫注，全心投入玩耍」的時候。我舉一個具體的例子說明。

在我的學校會提供適合孩子成長時期玩的教具，當孩子正玩得渾然忘我的時候，馬上可以從臉部表情得知。他們會嘟起嘴巴，其中甚至有因爲深深著迷張開嘴巴，流口水而不自知的孩子。

我也看過做什麼都無法平心靜氣，馬上就發怒的孩子嘟起嘴巴，專注地反覆努力做著一件事的樣子。只要在嬰幼兒時期累積這種經驗，就能培養專注力。

在玩耍的過程中培養「專注力」！

OK 父母的行爲

NG 父母的行爲

當孩子全神貫注時，請靜靜守候

POINT!

孩子反覆做著同樣的事情時，父母不知不覺就會想跟他說話。然而不去打擾孩子是不變的鐵則！

便會提升能力！

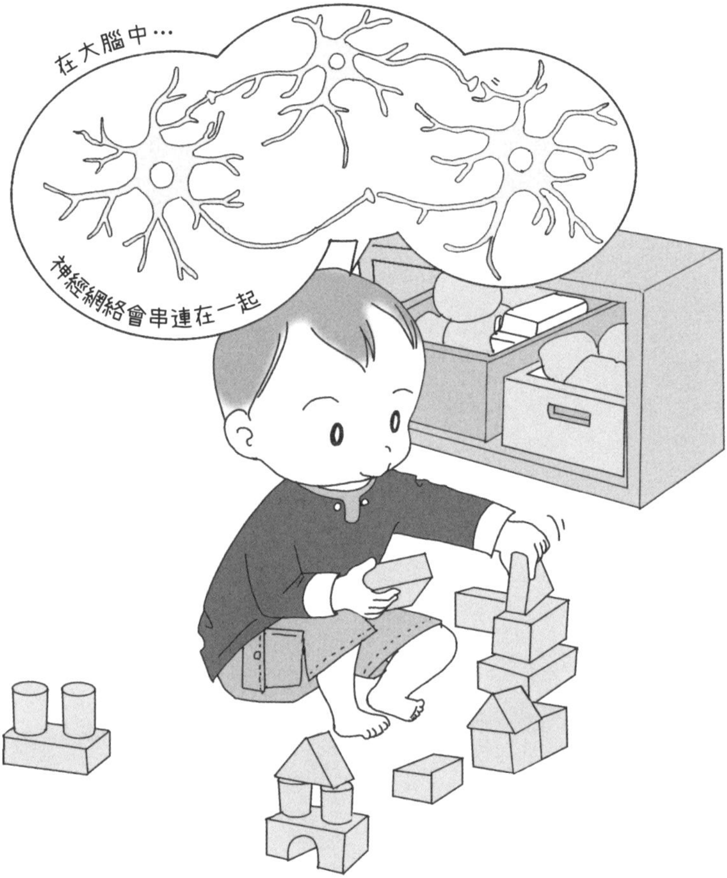
在大腦中…
神經網絡會串連在一起

讓孩子做到心滿意足爲止，

孩子進入渾然忘我的專注境界時，似乎會有無論如何都想干預的父母。如果在孩子專注的時候跟他說話，孩子的專注力就會「啪」地一聲被打斷。或許孩子不說出口，但他們應該是呈現「爲什麼現在跟我講話？」、「啊～好不容易才集中起精神，卻被打斷了」的狀態。

這就感覺像正沉醉其中，卻突然被一把拉回到了現實世界。

想要再次開啓一度被關掉的電源並不容易。

媽媽或許會擔心「總是做同樣的事不膩嗎？」、「體驗更多元的遊戲比較好吧？」，然而請讓孩子盡情做到他心滿意足爲止。

請美佳老師告訴我！

這時候該如何是好？？

妹妹總是搶哥哥正在玩的玩具。雖然每次都會說「借我」，可是哥哥被打擾多次後也生氣了…。由於兩者的心情都能明白，正陷入苦惱中。

（TA君和MANA，4歲和2歲8個月孩子的媽媽）

Answer　徹底理解彼此的心情

對妹妹來說，哥哥正在玩的玩具是相當具有吸引力的，因爲哥哥會幫她展開遊戲的方式。由於父母也想重視哥哥依照自己想法玩的心情，這時候請媽媽幫哥哥說話。然後大家一同想想不想被打擾以及願意讓步的地方在哪裡，儘量讓孩子們思考解決對策，徹底理解彼此的心情。

也就是「全心投入」的狀態

何謂「專注力」所需具備的「心流」？

！小時候如何經歷「心流狀態」是關鍵

當孩子聚精會神玩著玩具時，周遭吵雜的聲音、媽媽跟他說話的聲音他都聽不見。他正以認眞的神情專注努力著。

我時常將這樣的狀態，稱爲「進入心流狀態」。所謂「心流」一詞，是由心理學家米哈里．契克森所提出，意味「全心投入的狀態」。

稍早我曾說過孩子在全神貫注時，會嘟起嘴巴，甚至連流口水都不自覺。這就是所謂的「心流狀態」，爲敏感期常見的現象。

孩子要盡情發揮自己所擁有的才能，關鍵在嬰幼兒時期能夠經歷多少「心流狀態」。

一旦從嬰幼兒時期就開始經歷豐富的心流狀態，切換開關的技巧就會變好，才能在關鍵時刻啓動開關，發揮高度的專注力。

別去阻礙「心流狀態」！

OK 父母的行爲

NG 父母的行爲

POINT!

孩子正在全神貫注的時候，不需要任何「讚美」！

當孩子正專注投入於一件事情上時，不需要讚美他。請溫柔地守護他就好。

會成爲激發潛能的原動力！

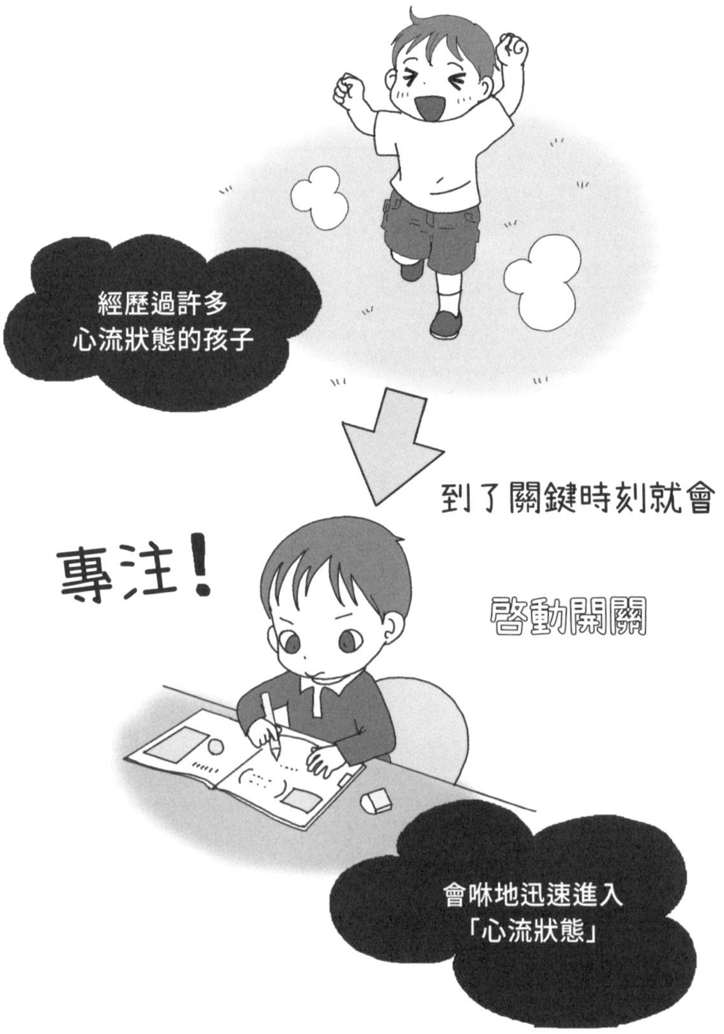
經歷過許多
心流狀態的孩子
到了關鍵時刻就會
專注！
啓動開關
會咻地迅速進入
「心流狀態」

經歷「心流狀態」的次數，

當嬰兒正專注於玩玩具的時候，會進入心流狀態，一直玩到心滿意足爲止。於是大量的腦神經細胞也將串連在一起。這類經驗，會產生徹底完成一件事情的自信，成爲未來挑戰新事物的力量。

反倒是遲遲未能進入心流狀態的話，不僅玩得不夠徹底，也無法建立「我把事情徹底完成囉！」的自信心，以致無法獲得成功的體驗。

從嬰兒時期開始就充分經歷過心流體驗的孩子，會在「關鍵時刻」發揮強大的專注力，取得成果。比方說，在考試與測驗時也能發揮專注力拿出好成績、不畏懼開始從事如運動或音樂等全新的事物，學習能力比其他孩子快，獲得的成就也較高。

請美佳老師告訴我！

這時候該如何是好？？

我兒子不知道是不是因爲害怕失敗，對任何事都採取消極的態度，厭惡、不肯做沒做過的事情。每當我看到同年齡的孩子馬上就能開心地融入周遭環境，不禁心生羨慕。

（小 KI，5 歲孩子的媽媽）

Answer　媽媽溫柔地守候孩子便足夠了！

即使沒有實際上的行動，光是觀看就有十足的學習效果。孩子會在大腦中想像自己一起實踐的畫面，享受箇中樂趣。如果父母把這段時期想成「他就算那樣也沒關係，總有一天一定會積極地做」安心守候著孩子，他就會從某個時期開始積極採取行動。

關鍵就在「成就感」

進入「心流」的「5個階段」

為了讓孩子體驗心流狀態，通常要經歷下列5個階段。

做想做的事

階段1

孩子的心情 =「我想做！」

採「開放式收納法」擺放孩子喜歡的玩具，讓他隨時都能反覆把玩。

不斷重複

階段2

孩子的心情 =「再做一次！」

孩子會重複無數次自己選擇的活動，練習到會為止。

全神貫注地做

階段3

孩子的心情 =「…（默默無聲）」

父母不要隨便跟孩子說話，努力給予孩子充分思考與發揮想像力的時間。

品嚐成就感

階段4

孩子的心情 =「我自己辦到了！」

當孩子全部做完之後面露無比幸福的表情時，再對孩子說些引起共鳴的話。

迎接下一個新挑戰

階段5

孩子的心情 =「接下來要做什麼呢！」

得到成就感滿足之後，興致就會轉移到別的玩具或遊戲上。

↓

藉由讓孩子玩到心滿意足為止，就能過渡到下一個階段。

孩子想要自己選擇、做到滿足爲止！

孩子心中

大人觀點

馬上就感到厭倦也沒關係！

POINT!

每個孩子對一個玩具感到滿足的時間因人而異。即使馬上就厭倦了也沒關係。

父母玩得很開心的樣子就好！

先讓孩子看

一般來說，蒙特梭利的教具多半價格昂貴到讓人下不了手，然而要獲得「心流」經驗，不一定要使用昂貴的教具。在百元商店購買材料製作而成的手作玩具、運用日常生活隨手可得的寶特瓶或拌飯香鬆的包裝袋等材料，就能讓孩子玩得很陶醉。太簡單的玩具會讓孩子馬上感到乏味無趣，太困難的又不會拿起來玩。**重點在「稍微有些難度」的玩具。**

單單只把玩具擺在那，孩子比較不會拿起來玩。如果不懂得操作方式，也只能在一邊看著而已。**關鍵在於父母自己開心地玩給孩子看。**孩子會自行判斷這個玩具是不是適合自己現階段的成長。如果明白對現在的自己而言是必要的，應該就會馬上拿起來玩，開始玩得不亦樂乎。

請美佳老師告訴我！

這時候該如何是好？？

我要讓孩子躺下來換衣服，可是他卻像身體著火似地嚎啕大哭。總之我覺得他好像很討厭被限制住活動…。

（HOPPY，1 歲 5 個月孩子的媽媽）

Answer　試著想辦法不讓孩子感到無聊

換衣服這件事對年紀還小的寶寶來說，說不定是因爲他有「不知道會被怎麼樣」或「遊戲被中斷了！」之類的想法。換衣服的時候就算寶寶躺著，也可以給他手拿或是從上面垂下來的新奇玩具玩，想辦法不讓他感到無聊。

第 3 章

哈佛式

在世界上大展身手
啓發才能的
「9 大智能」

在AI時代極爲重要！

發掘孩子學力以外豐富多彩的「9大智能」

你將看見過去不爲人知的「孩子的才能」！

至今我已經在自己經營的幼兒啓蒙教室和保育園指導超過2萬名以上的兒童。「原來這個孩子有這方面的才能呀！」，我總是驚嘆於孩子們天賦的多樣性。有鑑於此，我開始思考孩子的才能並非是單方面，有從多元化視角幫助他們發揮的必要。

我與蒙特梭利教育一樣重視的是「多元智能理論」。這項理論是由哈佛大學霍華德・加德納教授所提出，主張人類擁有8大智能。他認爲好比每個人各有其優缺點一樣，智能也是因人而異，有高有低。

我以自己在嬰幼兒教育的經驗爲基礎，引用這項理論並且改編成適合日本人的獨家「9大智能」。我推薦家長運用這9大智能來觀察孩子。

9大智能

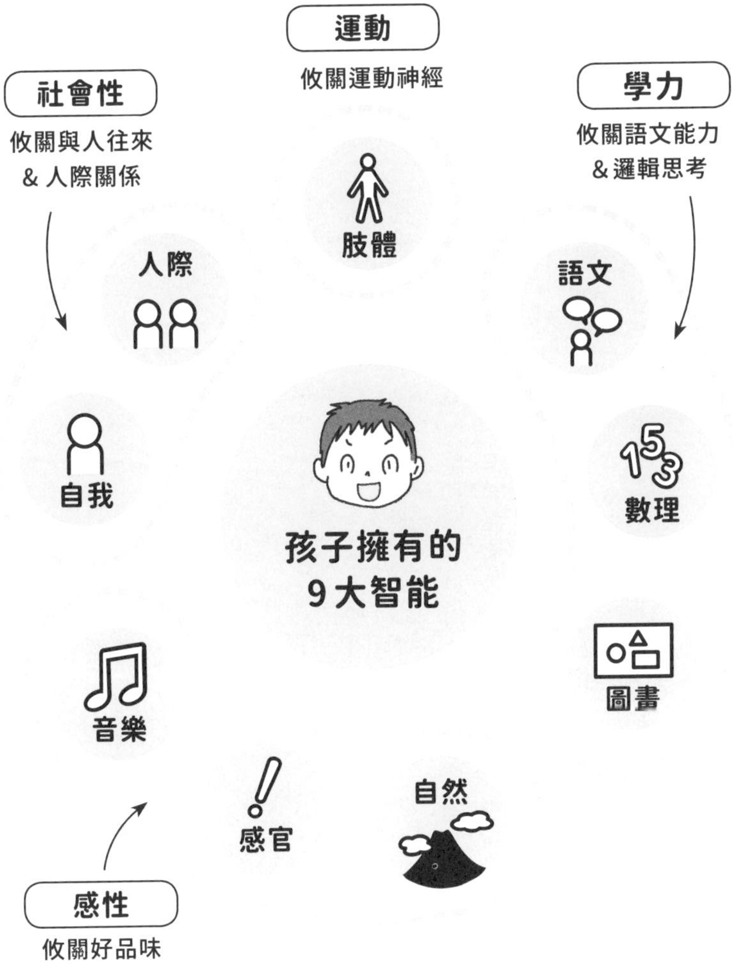
運動
攸關運動神經
社會性
攸關與人往來
&人際關係
學力
攸關語文能力
&邏輯思考
肢體
人際
語文
自我
數理
孩子擁有的
9大智能
圖畫
音樂
感官
自然
感性
攸關好品味

應該培養哪種智能才好呢？

取得「全方位的平衡」才是正確答案！

！無論哪種才能都得以好好發展

9大智能是每個人與生俱來的能力。或許有的媽媽會覺得「我的孩子才沒有那種才能呢！」。然而，有卽便總是一人獨處，但只要給他蠟筆和紙就會沉醉其中，畫出創造力豐富圖畫的孩子；也有在室內提不起勁，在室外卻能察覺到其他人沒發現的大自然變化的孩子。從「9大智能」的觀點來看，就會看到潛藏於孩子身上，周遭大人卻未發覺到的能力。於是父母本身對孩子的看法將產生改變，以往被視爲「令人頭痛的行爲」，就能改以「原來是才能的展現啊！」的正面態度應對。

各個智能的發展程度，要端看從出生開始經歷的體驗而定。以我的經驗來看，建議嬰幼兒時期就要均衡培養9大智能，而非只顧培養特定的能力。我希望父母可以營造一個支持孩子得以盡情發揮才能的環境。

喜歡待在房間內獨自畫畫的小A
最喜歡在外頭四處玩耍的B君
如果父母用「令人頭痛的孩子」的眼光看待…？
小A是…
沒有朋友，只顧畫畫的
「不太尋常的孩子」
B君是…
靜不下來，與周遭格格不入的
「問題兒童」
拿手或不在行的事情，會在成長過程中漸漸發生變化唷！
從現在開始
先別急著斷定
在嬰幼兒時期均衡培養
「9大智能」吧♪
可以奠定讓孩子能順應各種環境的「根基」哦！
要好好支持孩子哦♪

培養出運動神經優異的孩子！「肢體」智能

是什麼樣的能力？

「肢體」智能，意指運用全身或身體的一部分來解決問題與發揮創造力的能力。這項智能好的孩子，正是所謂的「運動神經優異的孩子」、「手部靈巧的孩子」。任何運動都能在短時間內學習並且做得無懈可擊的類型的孩子，被認爲是由於嬰幼兒時期的經驗，促進了「肢體」的發展。配合肢體的發展階段，讓孩子有適合那段時期的必要活動，是不可或缺的。

將來可以在什麼樣的工作派上用場？

基本上，所有工作都以「身體」爲資本！運動選手和教練、以及體育老師等驅動「身體」的工作毫無疑問之外，也適合醫師和職人工匠等需具備靈活手指、精巧手藝的工作，以及飛行員、外交官、商務人士等遊走世界各地的工作。由於有體力的人活力充沛，身爲創業家大有成功的機會。

激發「肢體」智能的活動

小布袋遊戲

小布袋的製作方法

把不要的碎布剪成正方形，再將剩餘的碎布放入剪成正方形的碎布內，用2條橡皮筋綁緊固定後，立刻大功告成！

父母配合「喂喂，烏龜先生～♪」的兒歌丟出1個小布袋，然後讓孩子觀看接住小布袋的樣子。習慣後，玩1對1的丟接遊戲。

讓小布袋在臉盆內滾動和上下移動。

POINT!　運用自我意識動動身體和眼睛，可以鍛鍊運動能力。習慣後增加小布袋的數量。

激發「肢體」智能的活動

比畫遊戲

邊說「嘟嘟嘟嘟」
邊踮起腳尖走路。

邊說「軲轆軲轆接球—」邊滾球玩。

POINT!

可以學習掌握語言和運動的連動能力。
此外，也推薦邊說「你砰砰地往上丟丟看」邊玩氣球。

激發「肢體」智能的活動

拖地板競賽

和父母玩「預備—開始！」的拖地板競賽。

POINT!
拖地板是鍛鍊手臂支撐力與腳力很好的動作。
可以改善身體的平衡感，美化姿勢。

培養出善於表達的孩子！「語文」智能

是什麼樣的能力？

「語文」智能，意指有效掌握「口說語言」和「書面語言」的能力。如果這項智能高，溝通能力也會隨之提升。由於從嬰幼兒時期開始就具備了分辨聲音的能力，透過不斷與孩子說話會促進語言能力的發展，成爲樂於溝通的孩子。最後不僅人際關係變得圓融，也將贏得周遭的信賴。

將來可以在什麼樣的工作派上用場？

學例來說，使用語言的職業除了教師、作家、編劇家、編輯、記者等之外，還包括廣告、大眾媒體等與媒體有關的工作。只不過，無論從事什麼職業，溝通能力都是不可或缺的。再者，現在使用郵件等書面語言表達的機會確實正在增加，毫無疑問地，語文能力對所有辦公室的工作都將派得上用場！

激發「語文」智能的活動

找單字遊戲

找首字聲母相同的單字。

運用視覺找出文字。給孩子看「ㄅ」，從繪本或雜誌找出相同的文字。

POINT!　從發音或文字形狀自然記住語言。

激發「語文」智能的活動

擬聲詞遊戲

運用擬聲詞表現如觸摸沙子的聲音、
貼貼紙的聲音、敲門的聲音等日常生活
的聲音。

POINT!

擬聲詞就像「音樂玩具」一樣能夠刺激五感。透過在日常生活中發揮想像力表達，就會培養出擁有豐富感受力的孩子。

激發「語文」智能的活動

從繪本拓展世界

我們家有沒有
跟這個一樣的東西呢？
杯子
香蕉

把繪本中出現的物品單字，與家裡現有的物品做連結。

POINT!

也可以玩從一頁當中找出單字的遊戲，像是決定「這頁有幾個顏色呢？（紅色、黃色、綠色等）」、「這裡面哪一個是圓形的呢？」等主題。

培養出有邏輯概念的孩子！「數理」智能

是什麼樣的能力？

「數理」智能，意指計算、心算、邏輯分析問題的能力。數理能力好，就能有條理地進行邏輯性思考。「數理」智能，並非僅僅是理科所需具備的能力，文組也需要邏輯思考能力。最近「程式思維」爲衆所矚目的焦點，說不定有朝一日，文組和理組將不再有所區分。

將來可以在什麼樣的工作派上用場？

正如日本小學已將程式設計納入必修課程，日後將更需要「數理」智能。推薦未來可從事的有系統工程師、程式設計師、遊戲設計師、所有與IT產業有關的工作、註冊會計師、稅務會計師、金融企業、基金經理等金融工作、工程師和建築師等技術人員的工作。

激發「數理」智能的活動

利用「身邊物品」玩數數遊戲

幫媽媽擺 3 個盤子哦
1 個、2 個、3 個…

「擺 3 個盤子」、
「換穿的衣服是 1 件、2 件、3 件哦」等等，
在日常生活當中數物品的數量。

POINT!

可以唸出家中寫有數字的物品（時鐘、月曆、書本頁數等）、外面寫有數字的物品（招牌、電車告示板、汽車車牌、公車時刻表等）上的數字。

激發「數理」智能的活動

利用「蛋盒」玩數數遊戲

把桌球（或是豆子、積木、彈珠、通心麵、揉成球狀的摺紙等）放到蛋盒內。告訴孩子即使放進去的東西不同，數量仍然不變。

POINT!

透過1個對應1個可以幫助理解10的概念。或者可以拿掉幾個東西，詢問孩子「還要幾個才會湊足10個？」，如此就能理解湊足10的組合概念。由於將不夠的數量視覺化，簡單明瞭。

激發「數理」智能的活動

磁鐵和鈴鐺遊戲

嗯—
裡面有幾個鈴鐺呢？

把鈴鐺放到束口袋裡，猜有幾個鈴鐺。鈴鐺最多3個。

1、2、3
…
有幾個鈴鐺
吸在上面呢？

做實驗看一塊磁鐵可以吸住幾個連在一起的鈴鐺。數數看垂下來的鈴鐺。

POINT! 數物品的數量可以培養「數感」。對答案時，能增加數數的經驗。

培養出有創意的孩子！「圖畫」智能

是什麼樣的能力？

「圖畫」智能，意指視覺上辨識空間模式的能力。對圖畫、色彩、線條、形狀和距離有良好的敏銳度和想像力。所謂的「空間認知能力」，也與這項智能有著極大的關係。「圖畫」智能（空間認知能力）的提升，會發揮在丈量人與人之間的距離，協助改善溝通能力與人際協調能力。

將來可以在什麼樣的工作派上用場？

容易喜歡上不僅限於圖畫的一切美妙、優美的事物。除了服裝設計師、工業設計師、花藝設計師等各類設計師與建築師，也適合在美術館或博物館工作的研究員、髮型彩妝師、畫家、書法家、雕刻家、動畫師等富有創造力的職業。

激發「圖畫」智能的活動

手巾遊戲

手巾遊戲

接住從上方丟下來的毛巾手帕。

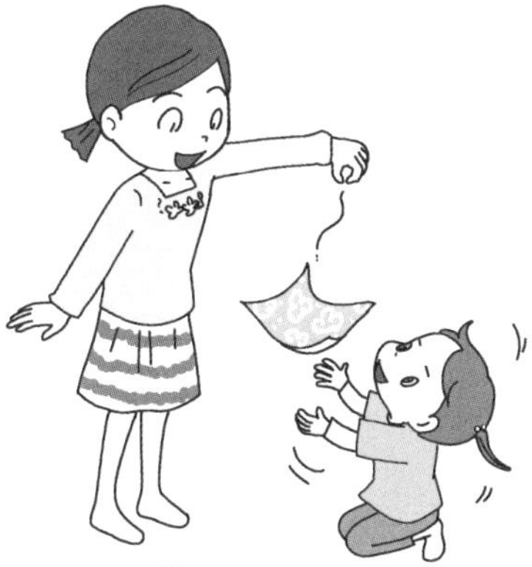

用毛巾、手帕製作！

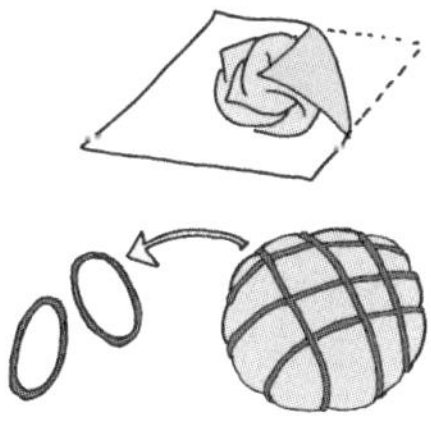

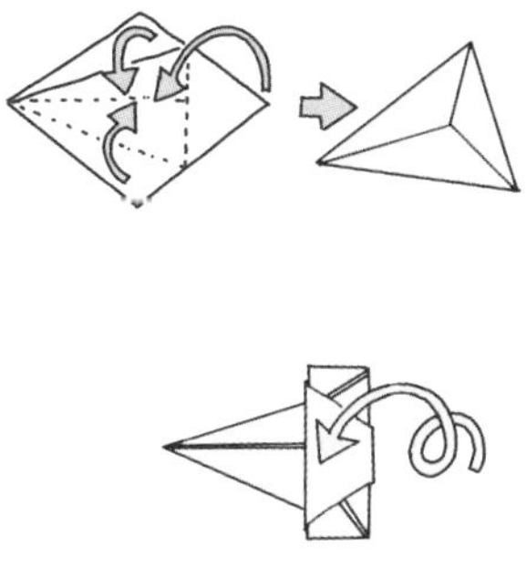

用橡皮筋纏繞起來做成菠蘿麵包

把揉成團狀的手巾放在攤開的手巾正中央後包起來。調整成圓形後，縱橫方向各用 4 條橡皮筋捆好。

捲捲牛角麵包

把手巾上、下、右邊往內摺成一個三角形。朝向同一角由右側捲起即完成。

POINT! 觸摸四方形的手巾，透過改變形狀磨練空間認知能力、圖形、方向感與距離感。

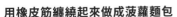

激發「圖畫」智能的活動

堆空盒

把各種不同形狀的空盒或空箱子往上堆高。
儘可能地堆高。

POINT! 會培養出用立體的角度看待事物的習慣，提升空間認知能力。

激發「圖畫」智能的活動

用模造紙製作大型地圖

在模造紙中央畫上自己的家、四周道路、房子、商店等。
媽媽畫好基礎地圖後，可以讓孩子貼上房子或狗的照片（雜誌剪貼或傳單也無妨）。

POINT! 每次散步時確認住家四周的環境，每天補畫一些也沒問題。透過掌握自己的周遭環境，學習看懂地圖。

培養出感受力豐富的孩子！「自然」智能

是什麼樣的能力？

「自然」智能，意指辨識自然與人造物品的能力。透過大量接觸花、樹木、風的氣味，以及四季所帶來的大自然的豐富變化，就能磨練感性與品味。孩子們運用五感享受大自然的樂趣，透過細心觀察將有許多新的發現與刺激。不斷重複這樣的體驗，就會磨練出一顆「善感的心」。

將來可以在什麼樣的工作派上用場？

除了維繫人與大自然和環境保護的工作之外，在旅行社和導遊、遊樂設施等休閒相關工作或外食產業，以及攸關教育等廣泛的領域也派得上用場。即使與「大自然」沒有直接的關聯，從大自然中獲得的感性和品味也能活用在和創意有關的工作上。

激發「自然」智能的活動

玩落葉

腳踩落葉，體驗聲音和觸感的樂趣。

找出相同種類的葉子（同形狀、
大小、顏色），2片重疊在一起。

POINT!

在有樹木的地方，體會每個東西都是獨一無二的，就會開始容易察覺到微小的差異與變化。漸漸地，也會開始變得更容易注意到人的心情變化。

激發「自然」智能的活動

夜空觀察

把房間弄暗，開手電筒向天花板投射，模擬體驗月亮的盈虧與星星的存在。在家裡也可以一邊開關電燈，讓孩子體驗與學習「亮的」和「暗的」等相反詞的單字。

在手電筒貼上黑色的紙，投射到天花板體驗「月亮的盈虧」。

好像月亮呢
貼上
黑色的紙
那顆藍白色的是
什麼星星呢？

親子共同仰望星空，問孩子「在夜晚仰望星空可以看到什麼？」，或是認識月亮盈虧的變化。觀賞星星時，告訴孩子古時候的人發現把星星連在一起會產生圖案，形成星座。

POINT! 要孩子對科學產生興趣，親身體驗是重要的契機。實際在戶外觀賞星星與月亮後，試著在家裡查閱天體觀測圖鑑，調查自己眞正觀賞過的天體資料吧。

激發「自然」智能的活動

踩影子遊戲

親子玩踩影子的抓鬼遊戲，儘量不要被踩到影子。

POINT!

在注視影子的過程中，就會有許多「影子的方向改變了」、「經過一段時間後，影子就消失了」、「影子縮小了」、「在太陽的反方向產生影子了」等諸如此類的發現！

感官

培養出有品味的孩子！「感官」智能

是什麼樣的能力？

「感官」智能，意指充分利用五感，敏銳接收各式各樣資訊的能力。雖然在9大智能中與其他的智能有所重疊，五感體驗越多的孩子，越有傾向於長大後成爲有品味、表現力豐富的大人。「感官」能力出衆的孩子，有容易察覺他人心情變化、善於溝通的特徵。

將來可以在什麼樣的工作派上用場？

吸取經驗培養出的「品味」，加上由於五感的使用變得優越的感官，想必可以全方位地運用在具創造力的工作上。「視覺」與美術和設計相關，「聽覺」與音樂相關，「味覺」與廚師和甜點師等料理工作相關，「嗅覺」與調香師同料理工作相關，「觸覺」則與以上所有工作皆相關。

激發「感官」智能的活動

親子交流遊戲

手持或手搖沙鈴玩耍。

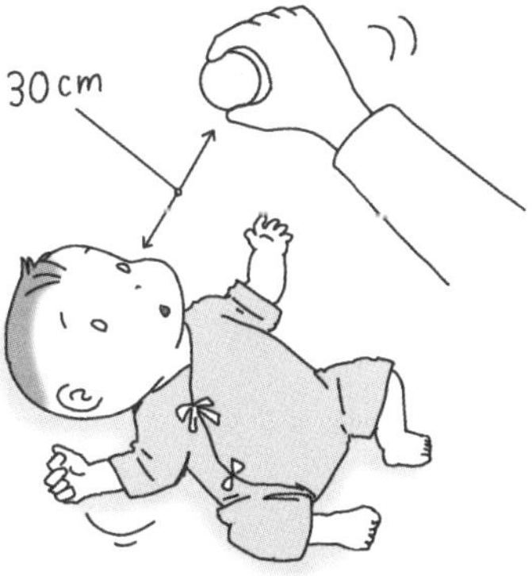

在距離30公分處左右晃動紅色的物品。

POINT! 在距離出生不久的嬰兒的眼睛30公分處，慢慢左右晃動乒乓球之類的紅色小東西。嬰兒的眼睛會追視移動的乒乓球。

激發「感官」智能的活動

「感官玩具」製作

1 抓一些珠珠和毛球等放入夾鏈袋內。

2 把髮膠擠到夾鏈袋內。

3 加入微量紅色食用色素，緊緊密封夾鏈袋，把袋口摺一次後，用透明膠帶黏牢固定。

4 用手指揉壓觸摸。

POINT! 盡情享受色彩變化和軟綿綿的觸感，以及袋內珠珠和毛球硬度的不同。

激發「感官」智能的活動

「研磨缽」什麼都來磨磨看吧

父母研磨麥茶、咖啡、芝麻等，讓孩子聞聞研磨前後的味道。也可以讓孩子嘗試研磨芝麻。

POINT!

透過研磨食材飄出的各種香氣，磨練嗅覺。研磨芝麻的動作，可以練習轉動手腕。

培養出有節奏感的孩子！

「音樂」智能

是什麼樣的能力？

「音樂」智能，意指辨識音樂種類、節奏與音程等的能力。如果這項智能發達，就會善於作曲或演奏。況且「音樂」智能高聽力也會隨之變好，也有助提升語言處理能力。

從小開始接觸音樂，培養節奏感，長大成人後將擅長唱歌、跳舞或演奏。

將來可以在什麼樣的工作派上用場？

從事與「音樂」有關的工作當然最爲合適。歌手、作曲家、作詞家、音樂家、指揮家、鋼琴家、小提琴家等樂器演奏家，音樂製作人、音樂劇演員、舞蹈家、錄音工程、混音師等與音響有關的工作，以及從音樂衍生出的大衆媒體、影像、電影產業、戲劇、演藝等相關工作都很適合。

激發「音樂」智能的活動

「這是什麼聲音？」遊戲

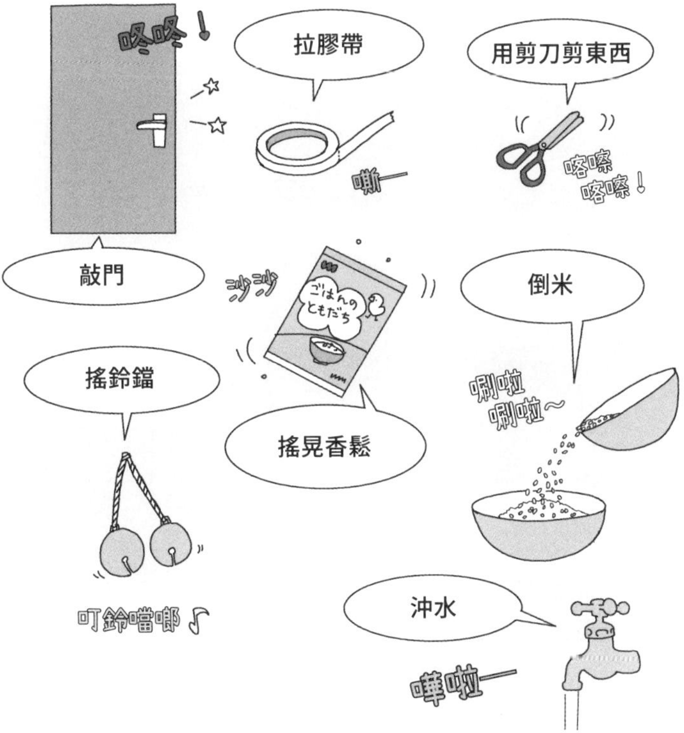

矇眼仔細聆聽敲門聲、拉透明膠帶、用剪刀剪東西、倒米、水聲、鈴聲、搖晃香鬆等聲音。

POINT! 聆聽日常生活中的聲音，就會懂得辨識聆聽聲音的方式，有助提升溝通能力、理解力與創造力。也可以把手和手指當成樂器敲打、摩擦發出聲音，或是拍敲自己的身體。

激發「音樂」智能的活動

「百變樂器」遊戲

平底鍋太鼓

橡皮筋吉他

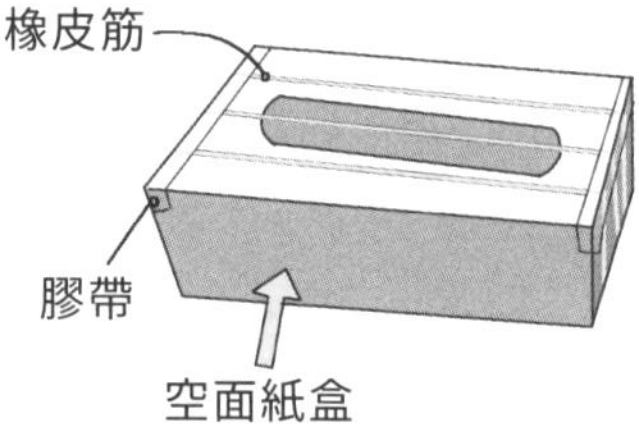

手作沙鈴

尋找家中可以做成樂器的物品！

平底鍋太鼓

平底鍋或鍋子、杯子和筷子就能搖身變成太鼓。

橡皮筋吉他

把橡皮筋套在面紙盒之類的空盒上，用透明膠帶黏牢，就成為手作吉他。

手作沙鈴

把珠珠或米粒放入空寶特瓶做成沙鈴。

POINT!

配合喜愛的音樂享受手作樂器發出聲響的樂趣♪

激發「音樂」智能的活動

一起唱童謠

「額頭繞一圈」

1 唱「額頭繞一圈」時，像畫圓一樣撫摸額頭 1 圈。

2 唱「眼睛繞一圈」時，在眼周畫圓撫摸。

3 唱「渡過鼻子橋」時，從鼻子上方往下像畫直線一樣撫摸 2 次。

4 唱「撿起小石子」時，輕輕地捏左右鼻翼。

5 唱「繞著小池走」時，像畫圓一樣撫摸嘴巴周圍 2 圈。

6 唱「變得乾乾淨淨了」時，撫摸整張臉龐。

POINT!

此外，還推薦適合親子交流的遊戲是「鍋子鍋子掉了底」。幫助嬰兒走路的「走路走得好」，以及提高節奏感的「馬兒奔馳」等兒歌，都是不錯的選擇♪

人際

培養出溝通能力強的孩子！

「人際」智能

是什麼樣的能力？

「人際」智能，意指理解他人感情、意圖、動機和欲望，與人順利交往的能力。這項智能會大幅左右溝通能力與人際關係的建立。如果事先培養好這項智能，長大後就少有人際關係的問題，身邊將出現許多好夥伴與受到衆人的愛慕，相信必能度過歡樂的時光。

將來可以在什麼樣的工作派上用場？

雖然有的工作不太需要與人打交道，但是既然要工作，就必須具備某種程度的溝通能力。以業務工作爲例，對人有興趣且善於處理回應對方情感與要求的人，較易取得成果。創業家或自由職業者在工作上也都免不了與人接觸和交流。

激發「人際」智能的活動

扮家家酒（I）

扮演爸爸或媽媽的角色，模仿家庭活動和做家事。

POINT!

日文扮家家酒「おままごと」中的「まま」，是「飯」的意思。觀察日常生活所做出的模仿行爲，來自對大人世界的憧憬。孩子透過模仿，掌握學習大人的日常行爲與活動。

激發「人際」智能的活動

扮家家酒（II）

利用紙箱等材料圍出一個小空間當成家玩耍。

POINT! 除了紙箱，如果有一塊布，也可以當成窗簾或房間的隔間。

激發「人際」智能的活動

幫忙家事

媽媽煮飯時在一旁幫忙削皮、撕碎蔬菜。

可以親子一起做「拿掉曬衣夾」、「摺衣服」、「分開家人的衣物」等有連貫性的家事。

POINT！ 也推薦擺放家人的碗筷餐具，或是收拾整理等工作。透過經歷在家中所扮演的角色，意識到自己也能幫助他人。

自我

培養出目標達成率高的孩子！

「自我」智能

是什麼樣的能力？

「自我」智能，意指在了解自我的優缺點後，自動自發達成目標與激發動機的自律能力。這項智能發達的人是所謂的「妄想型」，經過大腦深思熟慮，膨脹妄想。另一方面，透過自我反思，可以客觀地了解自己，確實表達自己的心情。同時也能體諒他人心情，使人際關係得以順利發展。

將來可以在什麼樣的工作派上用場？

據說有許多創業家，在「自我」智能的表現特別突出。創業家要取得事業上的成功，有自己思索創業計畫與戰略的必要，並非只要完成別人的要求便足夠。此外，也適合從事自營業、自由職業者（個體戶）等需要冷靜自我分析的工作。

激發「自我」智能的活動
沙畫遊戲

小嬰兒有把沙子放到嘴裡的危險，可以把沙子放入夾鏈袋內，從袋子外面體會沙子觸感的樂趣。

沙子

用畫筆沾用水
稀釋過的漿糊畫畫
撒上沙子
漿糊

等孩子稍微大一點的時候，可以用畫筆沾取稍加稀釋的漿糊在圖畫紙上畫畫。畫好圖案灑上沙子後，去除多餘的沙子。待漿糊乾掉便完成。

POINT! 透過集中精神體會沙子的觸感與觀察沙畫的製作，就能沉浸在一人世界。

激發「自我」智能的活動

「世界地圖」遊戲

是什麼樣的人
住在這裡呢？

攤開世界地圖，親子共同發揮想像力聊聊「這裡住了什麼樣的人呢？」、「是溫暖？還是寒冷呢？」。

POINT!

確認各國國旗、觀賞世界各地孩子們的照片、對照民族服飾與國家名稱，認識「自我」與「世界」的聯繫。

激發「自我」智能的活動

製作糰子

將上新粉和豆腐放入調理碗中攪拌，製作糰子。透過揉搓攪拌的作業，可以培養專注力。

上新粉
豆腐

搓搓揉揉…
媽媽要在一旁陪伴哦！

搓好一個又一個的糰子，放進熱水裡煮（注意不要燙傷！）。可依照個人喜好搭配御手洗糰子的醬汁或紅豆餡食用。

POINT! 安靜專注做事的時間，是內省的時間。玩黏土、玩水（家庭用泳池或浴室）、玩泥巴等，都有助磨練自我能力。

第 4 章

蒙特梭利風

8 個與孩子的相處之道

方法1

接納孩子的一切

從這裡開始，我將傳授以蒙特梭利教育所倡導的「12個與孩子相處時的心得」爲基礎，再加上我自身的經驗彙整成8個與孩子的相處之道。

首先就是「接納孩子的一切」。爲拓展孩子的可能性，不可強迫灌輸大人的常理給孩子。舉例來說，當孩子正在畫畫，然後開始把太陽塗成綠色，各位會怎麼做呢？如果把葉子塗成粉紅色呢？大多數大人會糾正「太陽是紅色的才對呀！」、「葉子是綠色的，不是嗎？」。

然而這些終究是大人的常理，會變成像是在否定孩子的自由創意。說不定孩子有想塗成那個顏色的理由。一旦扼殺孩子的自由創意，長大成人後將難有突破性的想法，所以不能只看結果就否定孩子。**重點在觀察孩子爲何會有那樣的想法，以及爲何會採取那種行動的過程。**

不要強迫灌輸大人的常理

孩子心中

大人觀點

POINT!

認同「那樣也很好」

接納孩子不被常理侷限的自由創意，媽媽也一起享受歡樂吧！

會剝奪孩子豐富的想像力…

父母的「不可以！」

首先，就像「原來你想要那樣做」、「你是那麼想的」一樣，全面肯定接納孩子做過的事情或言行舉止，是很重要的。

如此一來，孩子會因爲「被接納」而感到安心。

父母沒有接納孩子正在做的事情就不分青紅皂白地否定，會剝奪孩子與生俱來豐富的創造力和想像力。

不僅如此，孩子的自尊心受傷，會因爲「我做什麼都不行……」而失去自信。強迫灌輸大人的常理和價值觀，或許孩子會做出符合父母期望的行爲。

雖然那樣對父母而言樂得輕鬆又安心，卻也同時扼殺了孩子的天賦。

請美佳老師告訴我！

這時候該如何是好？？

我的寶寶分離焦慮的情形越來越明顯了。只要我一離開，好像就感到不安要求我「抱抱」。雖然如此，一旦碰到不高興的事就會丟食物或是打我…。

（Happy Life，1歲11個月孩子的媽媽）

\\Answer// **當寶寶有分離焦慮時，營造歡樂氣氛的環境**

分離焦慮是因爲寶寶察覺到「自己與媽媽是不同的個體」，只要媽媽不在眼前就產生不安的現象。重要的是在與寶寶分開時，可以不時四目相對，或是唱歌製造歡樂氣氛。媽媽可以一邊做家事，一邊實況告訴寶寶，或是讓他待在身邊幫忙家事也很好。事先告知不希望寶寶做的事情，如果做了就不予理會。重複上述步驟。

方法2

讓孩子自己選擇

無論年紀多小的寶寶，也有自行做出選擇的能力與想法。

3個月大的寶寶來我的教室時，我隨手拿起3個物品，試圖問他「哪一個好呢？」於是寶寶用眼神暗示我「這個！」然後伸手從中拿起紅色的髮飾，開心地玩了起來。

大人給孩子玩具玩時，不要只是單方面地給予，而是要像這樣準備好選項才是比較理想的情形。就連年幼的寶寶，應該都會自己伸手去拿想玩的玩具。

人生是一連串的選擇。在面對每一個局面時，自己能否做出適當的選擇，將大幅左右人生。孩子從小不斷累積依照自己的想法做出選擇的經驗，長大成人後也不會被周圍的意見牽著鼻子走，能自行選擇自己喜歡的生活。

不要剝奪孩子「自己選擇的能力」！

孩子心中

大人觀點

越是小事，越要讓孩子好好地自行選擇

POINT!

想玩的玩具、希望父母買的糖果等等從大人看來越是「雞毛蒜皮的事」，越要讓孩子好好地自行選擇。

以培養「選擇能力」

夫妻彼此想法歧異也無所謂

展現出雙方經過好好商量後
才做出決定的姿態

給孩子看父母
享受人生樂趣的樣子

告訴孩子價值觀有千百種，

爲了能讓孩子自己做選擇，告訴孩子「世界上有各種不同的價值觀」是很重要的。

雖然結爲夫妻，但是由於生長於不同的環境，有價值觀上的差異合情合理。儘管如此也不要對立，而是必須展現出「爸爸和媽媽會有意見不同的時候，但是雙方會經過好好商量後才做出決定」的姿態。

多讓孩子看父母即便意見不同，卻也互相尊重、享受人生的樣子。

不容忽視的是提供孩子父母以外，擁有各種不同價值觀的人群聚在一起的環境。

如此一來，就會拓展孩子的視野，在未來的交友關係以及出社會後的人際關係中，能夠尊重彼此的意見，並且勇於表達自己的意見。

請美佳老師告訴我！

這時候該如何是好？？

孩子每天半夜都在哭鬧。沒辦法睡得沉穩，我也心煩氣躁傷透腦筋。我不認爲生活作息有特別不規律…。

（帕西，2歲孩子的媽媽）

\\ Answer // **平時多與孩子聊聊，試圖了解他的需求！**

抑制孩子的欲求、慾望與不安的前額葉尚未發達成熟，有時會無法控制夜哭。要鍛鍊前額葉，平時就要多加觀察了解孩子所需，設身處地著想，陪他說說話。透過曬曬太陽、玩動動手指和身體的遊戲，以及親子的親密接觸沉澱情緒，都是不錯的方法。

方法3

信任、等待

我已一再重申「等待」的重要性。然而即使心裡明白，靜靜守候孩子正在做的事，相信、等待，並非易事。

事實上，讓孩子聽父母的話會來得輕鬆許多。只不過孩子有自己的步調，而守護孩子的步調是大人的職責。況且等待孩子能自行察覺，尤其重要。

能自我覺察的孩子，長大後不論何時都能採取適合當下的行動。想必這是從父母身上獲得信任與等待的安心感成爲一股動力，進而產生自信的緣故。

另一方面，聽父母的話「做〇〇」、「不可以做〇〇」的孩子，即使當下是聽話的，一旦情況改變又會重複做著同樣的事。由於並不是自己覺察後才做出的行爲，因此無法眞正學會並記住。

不以媽媽方便爲由決定「結束」的時間

OK 父母的行爲

NG 父母的行爲

POINT!

孩子不想按時吃東西，只不過是「想好好品嚐美味的食物」罷了

孩子有自己的步調。在時間允許的範圍內，等待他吧。

自己也會確實成爲「願意等待的孩子」！

「父母願意等待的孩子」，

父母若願意等待孩子，他就會成爲「願意等待的孩子」。

願意等待的人，是心胸寬廣、懂得寬恕的人。這也是長大成人後極爲重要的事情。

我因爲工作性質的關係，會遇到很多創業家，他們都是在事業上獲得成功並且備受愛戴、魅力十足的人士。他們的共通點是「性情穩重，度量寬宏的人」，特色是就算遇到討厭的事，都可以快速切換情緒。很多人即使長大成人了，總是以「那個人眞是不可原諒」爲由而怒氣沖沖。但是不斷怨天尤人也無法向前邁進。

只要把孩子「培養成願意等待的人」，他的心胸就會變寬大。不久將關係到是否能成爲受周遭喜愛、魅力非凡的大人。

請美佳老師告訴我！

這時候該如何是好？？

我的女兒超級怕生，也會說「我不要跟爸爸玩。爸爸去那邊！」拒絕想要跟她玩的爸爸。我希望她能接受我以外的人。

（Nacchi，3 歲 2 個月孩子的媽媽）

Answer 製造爸爸與孩子單獨相處的特別時間

要讓孩子接受媽媽以外的人，可以先製造只有爸爸與孩子單獨相處的時間。做些爸爸做得到的「舉高高」、「騎馬遊戲」、「跨坐肩膀」、「玩球」等遊戲，讓孩子擁有與媽媽在一起時不同的體驗。習慣爸爸之後，開始慢慢鼓勵與其他人相處。

方法4

讓孩子做到心滿意足爲止

我在稍早已經提過，讓孩子做任何事都做到心滿意足爲止很重要。做事做到心滿意足爲止的孩子的內心是穩定的。

比方說孩子在公園玩耍，會說「我還不想回家！」。由於玩耍攸關能力的發展，當然想儘可能地陪伴孩子。可是媽媽有家事或工作得做，不知不覺就開始心煩氣躁，有些媽媽甚至會硬拉起孩子的手回家。然而這麼做，雙方的心情都不好過。

一旦讓孩子在做到心滿意足爲止之前就結束，孩子的不滿將遺留在內心深處。

當然，能夠陪伴孩子玩到心滿意足爲止最爲理想，但是沒有時間時，可以事先擬定好回家時間等「原則」，會帶來不錯的效果。

「強行結束」會招致反效果！

OK 父母的行爲

NG 父母的行爲

媽媽著急時，孩子也會感到焦慮

POINT!

因爲著急，不願等待而催促孩子「早點回家！」是不行的。可以先與孩子商量，決定回家的時間。

在規範內讓孩子隨心所欲地做

決定好「原則」，

要讓孩子盡情做到心滿意足爲止，是很重要的一件事，我也理解並非所有事情都能奉陪到底。忙於家事和工作的媽媽，可以事先決定好「原則」。

具體來說，先告訴孩子「等時鐘的長針走到12的位置，我們就結束哦」。這樣就連看不懂時鐘的孩子也會明白。

事前約定好，時間到了孩子也會心服口服，媽媽也不會累積壓力。

孩子眞正感到心滿意足時，就會自己決定結束的時間。

雖然要回應孩子的需求，無論在時間上或心理上都很勞神費力，但讓孩子做到心滿意足爲止，對於日後養育孩子將一口氣變得輕鬆。

請美佳老師告訴我！

這時候該如何是好？？

我的女兒總是看我的臉色，只要覺得我在生氣就會抱住我。我並不想隨便生氣，該如何是好呢？

（巧克力碎片，2 歲 8 個月孩子的媽媽）

Answer 用言語向孩子表達媽媽的心情

她眞是一個很會解讀他人情感，感受性很強的孩子呢。這個時候只要每次都具體告訴孩子媽媽的心情和生氣的原因，還有希望孩子做的事情，孩子就會感到安心。在不久的將來，她也會開始懂得表達自己的心情，獲得他人的理解。最後建立起圓融的人際關係，長大成爲胸襟豁達的人。

方法5

讓孩子自行解決問題

蒙特梭利教育的基本理念是「守候」。

孩子能自行解決問題，取決於大人守候直到孩子自己解決問題爲止。

比方說孩子會出現與朋友或兄弟姐妹搶奪玩具的行爲。哥哥想要搶走弟弟正在玩的玩具時，通常父母會跟哥哥說「把玩具借給弟弟！」，想要半強制性地沒收玩具。於是哥哥氣得大哭大鬧。

在教室也有雷同的情形。那時候，我告訴老師和家長們「要守候孩子哦」。於是，各位覺得發生了什麼樣的事呢？

拿到玩具的孩子暫時開心地玩耍，看到玩具被拿走而不停哭泣的孩子，好像變得尷尬了。不到一會兒，他就把玩具讓給哭泣的孩子了。於是兩人又好像什麼事都沒發生過一樣開始開心地玩在一起。

不要剝奪「孩子們彼此解決問題的機會」

OK 父母的行爲

NG 父母的行爲

POINT!

父母在確保安全的範圍內守候孩子！

父母不要干涉孩子吵架，而是守候他們就好。只不過唯獨在安全層面上要小心不要讓孩子受傷。

完善的「解決問題的能力」

就連幼兒都具備了

即使是幼兒，也擁有自己思考解決問題的能力。以互相爭奪玩具爲例，搶到玩具的孩子，就算在被拿走玩具的孩子面前玩，應該會發現玩得並不開心吧。遂決定讓出玩具。

孩子就是從這些經驗當中學習、成長。

透過吵架或糾紛，孩子會累積內心糾葛、不甘心的心情，以及爲對方著想等經驗，並且在長大後加以活用。

另一方面，沒有得到這些經驗的孩子，就無法學習掌握解決問題的能力，長大後引發問題或糾紛時，就不知道該如何應對。

請美佳老師告訴我！

這時候該如何是好？？

哥哥不僅會打弟弟，還會說「你給我去那裡！」。我增加了與哥哥相處的時間也不見改善…。

（Boono 3歲和10個月孩子的媽媽）

Answer 眼神接觸是萬能的「愛情靈藥」

人類在內心得不到滿足時，會採取不太尋常的舉動。如果已經確保兩人相處或是增加抱抱的時間都無法獲得改善的話，就要思考看看做什麼事情才能讓老大發自內心感受到愛。僅僅是以眼神接觸的方式讓孩子知道父母即便在遠處也看著自己，孩子也會很開心哦。

方法6

不糾正錯誤

孩子會從失敗中學習成長。蒙特梭利教育在孩子玩玩具（教具）的時候，就算發現孩子的錯誤，也不會加以指責或修正，只會承認「辦到了呢」這個事實。孩子的做法有誤時，大人往往會不經意地想要糾正錯誤「不是那樣哦，是這樣做才對不是嗎？」。

但如此只會產生反效果，傷到孩子的自尊心。

用正確的做法做事，不如自己從失敗中思考來得重要。

當孩子自己發現錯誤時，會從中學習。當自己未察覺到錯誤時，無論周遭再怎麼提醒，也無法理解自己錯在哪，因此只會重蹈覆轍。能夠自己察覺到錯誤的孩子，會自己重做一次或者詢問大人做法，然後從過程中學到取得成功所不可缺少的重點，產生自信。

做錯了也無妨！等待孩子直到會做爲止

OK 父母的行爲

NG 父母的行爲

不要傷害孩子的自尊心

POINT!

糾正錯誤會傷及自尊心。更重要的是察覺自己辦得到的事情與犯的錯誤。

就會產生自信！

自己察覺錯誤
但未被否定的孩子會…
自我肯定感強
挑戰精神旺盛
試試看
我要做！
要怎麼做
才能解決呢…
解決問題
的能力很強
沒精打采
我不知道
我又不會…
等待指令
我不想失敗
不可能
不可能
自我肯定感
低落
「不對哦！」一路不斷
被糾正錯誤的孩子會…

察覺錯誤並反覆嘗試，

大人往往有「學到錯的就糟糕了」、「不想讓孩子尷尬」的想法。

父母先把想糾正錯誤的心情擱在一旁，只需認同「做到了」即可，而不是糾正孩子的「錯」。

這是因爲孩子察覺到自己的失敗，自己用大腦思考該怎麼做更爲重要的緣故。

事實上，當本人發現「感覺有點怪怪的」、「好像哪裡不對」，或是感到尷尬或不好意思時，應該會詢問大人該如何是好。**用這種方式察覺錯誤並反覆嘗試的孩子，會開始變得能自己動腦思考，做出自主性行動，學習掌握解決問題的能力。**不久後，就會產生自信。

請美佳老師告訴我！

這時候該如何是好？？

我的女兒學會說謊了。出門前問她「穿好鞋子了嗎？」、「穿好衣服了嗎？」，她回我「穿好了哦」，卻什麼都沒做。我要怎麼樣才能讓她停止說謊呢？

（放浪海鷗，4 歲孩子的媽媽）

Answer　挑選聽起來舒服的用詞告訴孩子

我個人認爲人類不喜歡聽從指示與命令，甚至想要排除它。孩子是因爲不想再被唸，才撒「穿好了」的謊。在要求孩子的時候，可以挑選「前陣子你會自己穿好鞋子了，今天可不可以呢？」、「你自己會穿褲子了耶」等可以提升動機、聽起來比較舒服的用詞。如此一來，孩子就不再有說謊的必要。

方法7

與孩子一同創造「歡樂」時光

現在有很多媽媽都相當用心。只要一聽到是對孩子的教育有幫助，就每天認眞地與孩子一同參與；聽到與孩子一起玩耍很重要，無論再忙都會努力抽空陪孩子玩。

我對這些媽媽們爲了孩子努力熱心教育，由衷感到佩服，因爲我以前更是馬虎（笑）。只不過似乎也有不少太過認眞，受義務責任感所驅使而疲憊不堪的媽媽。

如果被「今天非得把教材做到這裡不可」、「今天明明要在外面玩的」給追著跑，認眞努力與孩子參與教材和遊戲，一點都不開心吧？

媽媽就算想掩飾自己的不耐煩，孩子還是感受得到。

孩子對父母的情緒反應，遠遠超乎父母想像得敏感。

與孩子相處時，請別忘記「親子共享快樂的心情」。

「爲孩子設身處地」是否已經成爲煩躁不安的根源？

孩子心中　　大人觀點

孩子喜歡面帶笑容的媽媽

POINT!

媽媽一不耐煩，孩子就會開始看媽媽的臉色。只要媽媽面帶笑容，孩子也會很開心！

盡情偷懶吧！

出自義務責任感
與孩子相處
是不行的

稍微偷懶一下家
事，好好地陪伴
孩子玩耍吧♪

父母「快樂！」
的心情會傳達
給孩子知道！

疲倦和沒有餘力的時候，

在精神上沒有餘裕的時候，可以稍微偷懶一天左右。

就算有「因爲睡眠不足，和孩子一起睡午覺吧」、「因爲很累，今天就不做晚飯，在外面吃吧」的日子也沒問題！完全不必抱持罪惡感！最重要的是發自內心快樂地與孩子相處。

不要用義務責任的心態對待孩子，而是從「要怎麼共度快樂時光？」的觀點，若能保持一顆赤子之心，就再好不過了。

舉例來說，可以利用現有的物品製作手作玩具，或是認眞追著孩子跑，也可以化身成故事主角唸繪本給孩子聽。

只要父母保有赤子之心對待孩子，孩子必定會感受到父母喜悅的心情。

請美佳老師告訴我！

這時候該如何是好？？

我實在不懂老二的心情，照顧起來相當吃力。老大以前在這個時候都不會這麼辛苦，老二不吃副食品，要抱著才肯入睡，連玩耍都只肯在家裡玩，幾乎不曾在外面遊玩。

（橘虎斑貓，5 歲 11 個月 &10 個月孩子的媽媽）

Answer　別總是把孩子當成嬰兒

老二總是容易被認爲還很小。但是老二每天都在成長，因此須具備順應發展的應對能力。「不吃副食品」→「減少奶量」。「只肯被抱著入睡」→「即使寶寶哭泣也要養成只在被窩裡輕拍他的習慣」。「不在外面玩」→說不定是「沒有引起興趣的遊戲」。配合孩子的發展，慢慢調整應對方式，提供進階的遊戲。

方法8

多和孩子在大自然的環境中玩耍

現在居住於都市的孩子，若不稍加留意，就極少有接觸大自然的機會。

各位是否曾聽過有只看過超市販售的魚的孩子，一直誤以爲「魚是以塊狀的姿態游泳」，也有孩子只知道切好的水果卻不知道眞正的水果的形狀……？

不用多說，這些事情是需要伴隨著成長學習的。如果在童年生活中不接觸大自然，就不利於充分發揮孩子的潛能。

接觸大自然，會獲得只待在家裡所沒有的體驗以及各種不同的刺激與發現。風吹的聲音和氣味、樹葉搖晃的聲音、花香、泥土的觸感、蟲鳴、樹木與花的豐富色彩等多得數不淸。**這種在大自然中才能經歷的體驗會刺激大腦，孕育富足的心靈。**

接觸大自然充滿刺激！

OK 父母的行爲

NG 父母的行爲

可從「被動式」玩耍獲得的東西並不多

POINT! 電視、智慧手機、電動乍看之下好像刺激性都很強，但是卻與孕育富足心靈的大腦刺激無關。

是「發現」、「驚奇」與「刺激」的寶庫！

在大自然中的遊戲，

喜歡大自然的孩子，擁有豐富的感受性，易察覺他人的心情。

再者，透過置身於發現與刺激多的環境，就容易進入第2章介紹的「心流狀態」。

大人有時在旅行目的地遇見觸動人心的景色和讓人心情平靜的風景，就會深深爲之著迷，腦中浮現日常生活中不可能發生的場景，或是發人省思。

一直關在家中，接受的刺激消失，進入心流狀態的機會也將減少。最近似乎也有以危險或是不可以受傷爲由，對讓孩子接觸大自然這件事遲疑不決的家長。

毫無疑問，危險的事應該要避免，但是請在確保安全後，好好享受一下接觸大自然的樂趣。

請美佳老師告訴我！

這時候該如何是好？？

我有飲食方面的煩惱。我的孩子能吃的東西很少，每天都吃一樣的東西。蔬菜只吃番茄和玉米，再來就是優格和灑上香鬆的飯。我該怎麼做才能讓孩子吃各種蔬菜呢？

（Mocchii，2歲2個月孩子的媽媽）

Answer **或許孩子比大人還懂得品味美食？**

細膩的孩子對形狀、氣味和口感較爲敏感。若孩子抗拒吃第一次吃的食材，可以切碎、燉煮，或是製作成蔬菜湯，也可以一開始就與其他食材混合在一起。孩子會吃下很多親子一起在家庭菜園從菜苗開始栽培的蔬菜。儘量使用新鮮的蔬菜，孩子會吃得更好。

第 5 章

蒙特梭利注重的

0 ～ 6 歲的教養方法

0歲

「這個到底是什麼…？」總之就是好奇寶寶！

關鍵字

「探究心」

0 歲的煩惱…

- 光是睡眠的時間就很長
- 無法溝通
- 孩子的發展和成長因人而異
- 不知為何哭泣

這段時期特別發展的是什麼能力？

寶寶從躺著的狀態、爬行到扶站等，「肢體」在這段時期有驚人的發展。同時也是全力發揮所有五感，把從眼睛、耳朵、鼻子、嘴巴、皮膚等取得的訊息化為己有的「感官」時期。

其實很厲害！

0歲的能力

●原始反射（抓握反射），緊握住碰到手掌的物品。

●能夠分辨爸爸和媽媽的聲音。

●剛出生時視力模糊。喜歡黑白與色彩鮮明的顏色。逐漸上升到正常視力。

●約3個月大時脖子變硬，5、6個月大時背肌變得有力，可以擺出像飛機一樣的姿勢♪

●腳的力氣大，快的孩子從6個月以後開始爬行。

這點很厲害！ 0歲的寶寶都聽得懂父母說的話，也能心意相通！

激發0歲孩子的潛能

父母的行動

1　試著讓孩子接觸各種人事物

這是利用全身接收從五感大量吸收資訊的時期。0歲時期或許在家的時間較長，可以在換尿布時溫柔觸摸寶寶，跟他說「好舒服哦！」。或者也可以讓孩子接觸許多不同觸感的物品，也有不錯的效果。由於寶寶6個月大以後會開始怕生，請儘量在6個月以前讓寶寶接觸父母以外的人。如此一來就能消除對人的恐懼感，未來在社交上可以建立起圓滑的人際關係。

2　一面守候，一面賦予挑戰

如果認爲「寶寶什麼都不懂」、「也無法溝通」，就大錯特錯了。寶寶能夠辨識父母的聲音，當然也聽得懂媽媽說的話。總之在這段時期要多多跟寶寶說話。秘訣在「今天天氣很好，現在我們要去家附近的公園哦」、「看吧，吹拂臉頰的風很舒服吧」等如同實況轉播方式的說法。就像曝曬於豔陽下一樣大量輸入語言，之後語言就會很快地被輸出哦。

就算寶寶還不會說話，他已經會用眼神暗示發出訊號，別錯過了！

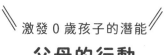

OK 父母的行爲

NG 父母的行爲

1歲

關鍵字

「自己決定」

一連串的「我會了！我會了！」眞開心

1 歲的煩惱…

●語言尚未發展成熟，會用哭泣表達
●不太會說出有意義的話
●開始學走路，需要時時刻刻注意
●開始出現自我主張

這段時期特別發展的是什麼能力？

開始靠「自己」決定行動，是確立自我的起點。「肢體」發展尤爲顯著的是牽涉到手指的靈巧度。還有雖然在這段時期接觸到數字的機會並不多，但寶寶已經開始明白「給我1個」這類「1」的概念。

其實很厲害！

1歲的能力

- 開始能用雙腳走路，背肌挺直。
- 開始出現「媽媽」、「汪汪」等有意義的單字。
- 1歲半後，開始懂得「不要！」等自我主張。
- 會用拇指和食指，甚至中指抓取東西（會使用湯匙）。
- 「我會了、我會了！」的次數增加，逐漸產生自信。

這點很厲害！ 懂得激發大腦想像力，在假想的世界中玩耍！

激發 1 歲孩子的潛能

父母的行動

1　賦予孩子體驗的環境

從大動作的投球，到精密動作的摺小紙張，能辦到的事情越來越多。請父母爲孩子準備各種不同體驗的環境。此時並不只是提供環境，重要的是開心地「做給孩子看」。若懷抱「教導」的心情與孩子相處，孩子會變得敏感而不想做。孩子會模仿看起來好像做得很開心的父母，覺得「似乎很有趣」而付諸行動。

2　解讀孩子的心情，用言語表達同感

孩子沉迷於幻想世界中玩耍的時間增加。正因爲是還無法用言語好好表達的時期，父母以言語表達同感幫孩子說話，孩子就會認爲「父母了解我的心情！」。以正在用蠟筆畫畫的孩子爲例，可以試著問他「那個是○○嗎？」，或是問正在玩毛巾的孩子「這個該不會是棉被吧？」。說中答案時，孩子會大吃一驚哦！只不過有一點需要特別留意，就是儘量不要過度打擾專注於大腦世界的孩子。

這段時期就請父母當作是在練習解讀孩子的心情與孩子相處吧。

OK 父母的行爲

NG 父母的行爲

2歲

自己做做看！「好想做、好想做」的時期

關鍵字

「幹勁十足」

2 歲的煩惱…

- 反叛期的全盛期！自我主張強烈
- 因爲活力充沛，更須要無時無刻地留意
- 馬上就發脾氣
- 會搶朋友的玩具玩

這段時期特別發展的是什麼能力？

在這段時期發展的能力，歸根結柢就是「自我」。
自我意識覺醒，開始「我自己來！」的自我主張。
好好克服這個階段，就能學習自我管理，產生自信。

其實很厲害！

2歲的能力

●開始會說「狗狗、來了」等由2個單字組成的句子。

●能把球丟到瞄準的位置上。

●會觀察旁人做事情的模樣並加以模仿。

●走路、跑步、跳躍等運動能力提升。

●出現能緩慢下樓梯等，四肢與眼睛的協調能力。

這點很厲害！ 由於是透過觀察學習，
什麼都能靠模仿來學會的能力好得令人吃驚！

激發 2 歲孩子的潛能

父母的行動

1 思考讓孩子完成「想做！」心願的方法

讓孩子做「想做！」的事，反叛期就會消失。比方說孩子想要把什麼東西放入插頭的洞裡時，不要突然發怒，而是從那個行爲解讀出「想穿洞」的心情，找出其他可以安全穿洞的方法。一旦發怒讓孩子停手，就無法再次發展那項能力。珍惜孩子「想做」的心情給他體驗的機會，會成爲他長大後也能懷著熱情持續做某件事的動力。

2 運用適合孩子的物品製造成功體驗！

爲了能把孩子「想做！」的心情連結到成功體驗，請準備好「適合孩子使用的物品」。如果想用水壺倒水，必須顧及到孩子的手容易拿的水壺的形狀、大小和重量。這時候的秘訣就在父母定下自己不會心煩氣躁的容許範圍。如果想讓孩子玩水，跟孩子說「媽媽整理很辛苦，可以在浴室玩哦」就好！要讓孩子知道父母的情況與心情。然而在此之前，必須事先建立起親子之間的信任關係。

孩子的心情固然重要，還是得優先考慮父母的心情！

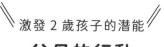

OK 父母的行爲

NG 父母的行爲

3歲

關鍵字

想堅持到底！想體會充實感和滿足感

「成就感（堅持到底的能力）」

3 歲的煩惱…

- 只要跟朋友或兄弟姐妹一起玩就會吵架
- 不斷問爲什麼？爲什麼？
- 無法遵守規定或答應好的事
- 不聽話，甚至會出現叛逆行爲

這段時期特別發展的是什麼能力？

這是跑、跳，盡情活動「身體」，發展運動能力的時期。同時也更會說話，「語文」能力發展得更好。另外像自由「繪畫」等，表達自己理念的創造力也是。

其實很厲害！

3歲的能力

●會說由3個單字組成的句子。

●可以兩手支撐體重，也會兔子跳。

●開始會使用筷子。

●會用剪刀剪開箱子。出現把箱子當成家玩的想像力。

●倒果汁等液體不會傾倒。

這點很厲害！ 由於會自行思考做出選擇，
只要「堅持到底」做到心滿意足爲止，就能自己決定結束的時間

\\ 激發 3 歲孩子的潛能 //

父母的行動

1　為了讓孩子享受成就感，事先決定好「規範」

想堅持到底的心情很強烈，培養了專注力，花在一項遊戲上的時間也變長。此時若強行結束遊戲，孩子就會失去挑戰的心情，因此就讓孩子盡情地玩吧。只不過，事先決定好可以玩玩具的時間，以及教導孩子規範，為首要關鍵。只要在規範內盡情玩耍，孩子內心獲得滿足，就能自己決定遊戲結束的時間。這也關係到挑戰下一個新事物的能力。

2　父母也要讓孩子知道自己的心情

「仿真遊戲」和「扮家家酒遊戲」玩得熱絡，孩子的想像力也更加豐富。要提升想像力和創造力，父母就要輸入各式各樣的訊息讓孩子體驗。建議可以唸繪本給孩子聽，或接觸大自然。請父母要不斷地把自己的心情化做言語告訴孩子。無論是「媽媽很高興寶貝吃這麼多」、「媽媽現在很累，可以休息一下嗎？」等正面或負面的情緒都要讓孩子知道，就能培養語文能力。

別以為「孩子還不懂事」，請視孩子為一個獨立的個體對待。

OK 父母的行爲

NG 父母的行爲

4歲

如果是自己想做的事就願意好好等待！

關鍵字

「願意等待的能力」

4 歲的煩惱…

- 無法好好和朋友玩耍（喜歡獨自玩耍）
- 我行我素，沒有協調性（不喜歡團體行動）
- 沒辦法做如換衣服等自己的事情
- 對新事物感到膽怯

這段時期特別發展的是什麼能力？

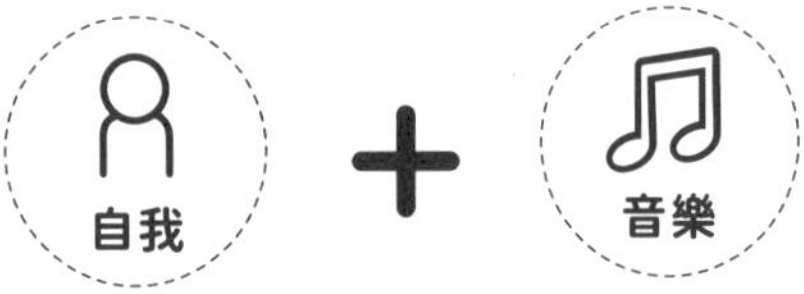

4歲是確立「自我」的最後階段。自我的確立與否，會涉及到日後的交友關係。這也是「音樂」能力大幅發展的時期，開始懂得聆聽音樂時搭配使用樂器。

其實很厲害！

4歲的能力

●會翻筋斗、跳樓梯。

●會跳舞。

●會寫一個句子。

●數數可以數到100。

●可以單腳站立，快速走過平衡木等，平衡感很發達。

這點很厲害！ 可以看著圖鑑，比對現實生活中的東西！

激發 4 歲孩子的潛能
父母的行動

1　成爲最能理解孩子的人

用自由放任的方式養育孩子，在幼稚園或保育園老師眼中看起來或許就像是「令人頭痛的行爲」，有可能會引發一些問題。只不過，事出必有因。首先父母要相信孩子，問他「爲什麼要做那樣的事呢？」若是可以接受的理由，就讓孩子向老師說明。父母如果能夠相信並且等待孩子，孩子也將成爲「願意等待」的人。

2　不要因爲孩子的性別片面認定

孩子到了4歲，會出現一些性別上的差異，不要片面認定「男生就是要在外面大膽地玩，女生就是要在房間裡玩」，是很重要的。有喜愛閱讀的男生，也有活潑的女生。個性、行爲以及喜愛的事物，會隨著年紀增長逐漸改變。一直畫畫的孩子長大後也有可能開始跳舞，反之亦然。孩子喜愛或能產生動力的事物，會在不久的將來成爲他擅長的事情。現在就請父母肯定孩子的性格，準備好可以讓孩子獲得各種經驗的環境。

父母相信孩子的心情，孩子一定感受得到！

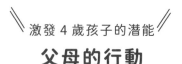

OK 父母的行爲

NG 父母的行爲

5歲

關鍵字

想發揮想像力盡情地玩！

「創造新事物」

5 歲的煩惱…

- 動作激烈，媽媽筋疲力竭…
- 捉弄兄弟姐妹或朋友
- 一有不會的事就發怒
- 大聲說出不好聽的話
（例：「那個叔叔是禿頭」）
- 很愛跟媽媽撒嬌

這段時期特別發展的是什麼能力？

延續4歲來到確立「自我」的最後階段。
這是充分利用9大智能，全方位發展所有能力的時期。由於還是一個不易被喜惡、拿手或不在行所惑的時期，讓孩子多方嘗試就好。

其實很厲害！

5歲的能力

- 會倒立、爬樹、盪鞦韆，能做出速度快又熟練的動作。
- 會綁蝴蝶結。
- 鉛筆使用得很好。
- 會騎腳踏車。
- 能發揮想像力運用黏土或泥土，捏出自己所想的東西。

這點很厲害！ 膨脹想像力，結合遊戲盡情享受樂趣！

激發 5 歲孩子的潛能

父母的行動

1 拋出「膨脹孩子想像力的問題」

爲了培養這段時期的特色「膨脹想像發展事物的能力」，就要製造孩子大腦內想像力源源不絕的經驗。比如在唸書給孩子聽的同時，問「你覺得怎麼樣？」、「在這之後，變得怎麼樣了呢？」，讓孩子說出自己的意見，也推薦父母與孩子輪流說出句子，創造故事的遊戲。毋庸置疑，輸入與輸出同步進行可以培養出想像力、詞彙能力以及表達自己意見的能力。

2 讓孩子幫忙做家事

到了5歲，由於已經能夠靈活運用手指，要慢慢地讓孩子幫忙做家事。家事最適合用來發展9大智能中的所有能力。比方說摺衣服存在圖形元素，一起做菜則牽涉到「人際」，測量或切食材可以學到「數理」，氣味與味道則可以磨練「五感」。拖地板之類的打掃可以鍛鍊「肢體」。請父母仔細示範教導做法，所有體驗應當就能成爲寶貴的經驗。

只在父母時間允許的情況下
幫忙做家事也無妨！

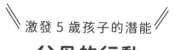

OK 父母的行爲

NG 父母的行爲

6歲

關鍵字

和夥伴一起完成事情很開心！

「協調能力」

6 歲的煩惱…

- 說任性的話和找藉口
- 與人作對讓父母困擾
- 非常挑食
- 一直看影片、玩電動

這段時期特別發展的是什麼能力？

人際

這是對「與人相處在一起」感到很快樂的時期。由於建立了自我，開始注意周遭，對與夥伴一起製作東西、共同體驗或完成事物感到愉悅。溝通能力也大幅發展。

其實很厲害！

6歲的能力

- 手指變得更加靈巧（有些孩子可以做出綁辮子等精細的手指動作）。
- 開始遵守規定和規矩。
- 求知欲提升，能查詢或記住自己感興趣的事。
- 可以想像積木看不到的部分，得知積木的數量。懂得比對展開圖和完成的形狀。
- 跳繩、單輪車、踩高蹺等，運動能力發展更趨成熟。

這點很厲害！ 由於培養出社會性，即使與朋友發生糾紛，朋友之間能自行解決的情況增加！

激發 6 歲孩子的潛能

父母的行動

1 培養孩子體會書本或電影人物心情的能力

讓孩子接觸家人以外形形色色的人。培養孩子推測自己以外的「人」擁有什麼樣的價值觀以及有哪些想法的能力，就能建立圓融的人際關係。舉例來說，閱讀歷史人物的書或觀賞電影時，讓孩子試著推測他人的心情「你覺得這個人有什麼樣的心情？」。只要培養這個習慣，之後在朋友關係裡就會懂得爲對方的心情著想，「○○哭了，其實她是什麼樣的心情呢？」。

2 讓孩子品嚐幫助他人的喜悅

在這段時期多方經歷「自己做的事情讓周遭的人開心」、「因爲自己做的事而被感謝」這類體驗的孩子，會長大成爲擁有同理心和高度自我肯定感的大人。沒必要做困難的事，和鄰居同心協力參與社區活動，或是打掃周邊環境即可。如果孩子害羞或躊躇不前，可以先從父母積極出來與鄰居打招呼或攀談開始。孩子可是看得一清二楚哦。

讓孩子接觸家人以外形形色色的人吧。

OK 父母的行爲

NG 父母的行爲

結尾　獻給未來綻放閃耀光芒的孩子們

至今我有任教於5所幼稚園和保育園的經驗。

每家學校的教育法截然不同，蒙特梭利教育的幼稚園則是讓孩子們自己選擇活動，他們專注於活動時眼睛綻放光芒的模樣令我感到驚訝。

不只如此。

當我看見縱使孩子們吵架了，也是彼此互相討論解決的時候，發現「原來環境與大人參與方式的改變能讓孩子變得如此獨立啊！」。

自從認識了蒙特梭利教育法，我對學生以及我自己的3個孩子都是讓他們自己做出選擇，準備好讓他們做想做的事情的環境，最後造就孩子有自行解決問題的能力。

這30年來，我不斷地從幼稚園和保育園的現場以及與自己的孩子相處中摸索學習。

我感覺自己看到學生和3個孩子們全都帶著自信，走在自己人生

的道路上。

蒙特梭利教育，讓我回想起一件事，那就是「表面上看得見的能力不是聰明的唯一指標」。

以下是我擔任園方代表時發生的事情。

這名男孩是一個發呆恍神、不會準備東西、總是被老師或媽媽催促「快點！快點！」的孩子。

有一天，我坐在這個男孩的身邊時，他告訴我：「老師，那個同學把玩具拿走了，所以這個同學在哭哦。我覺得如果他說『請借我』就好了。」

那時候我發現了一件事。他不準備東西的原因是因爲他正在觀察人們。我聽了這個男孩的想法好一陣子。

可能是他已經心滿意足了，於是以平常讓人意想不到的速度完成了準備工作。

一旦深入思考，就會停下手邊的工作。乍看之下，會讓人覺得他是一個什麼都沒想、什麼都沒做的孩子，後來發現其實他是一個審愼思考且富有哲理的孩子。

之後我開始飽讀幼兒教育和心理學等文獻，研究孩子的才能與能力。當時我遇到了哈佛大學心理學教授加德納所提出的「多元智能理論」。讓人傷腦筋的孩子、有問題的孩子、發呆恍神的孩子……理解任何一種類型的孩子，並且把他們擁有的能力「可視化」的想法，竟然與我的看法不謀而合！

蒙特梭利教育重視「敏感期」，也認爲磨練感官機能非常重要，我把加德納教授的多元智能理論再搭配我自己的原創領域，改編成「9大智能」。

我請老師們於年度課程實踐「9大智能」，挖掘、啓發孩子的才能。

各位覺得發生了什麼改變呢？

曾經說過「那個孩子眞叫人擔心」、「那個孩子有問題」的老師們，言行開始產生變化。

「我這才了解他是一個很有禮貌的孩子！」（「自我」智能）

「他默默地觀察朋友，眞的很喜歡人呢！」（「人際」智能）

「一看到彈珠就眼睛爲之一亮，開心地說『好漂亮♡』！」（「感官」智能）

一直以來被視為「問題人物」的孩子們的評價，發生了180度的轉變。

大概是因為被人理解認同的孩子產生了自信，變得開始積極自發性地行動。

我深切感受到涉入其中的大人有重責大任。

無論是哪一種類型的孩子，均擁有獨一無二傑出的才能。

我已在本書中告訴各位，我確信「9大智能」是能夠幫助理解孩子的工具。

只要認識「9大智能」，各位對孩子的看法也會產生轉變，孩子的任何行動都能被視為「原來這是發展9大智能所不可或缺的行為……！」。

自從我開始提倡9大智能之後，每天都收到許多「養育孩子不再心煩氣躁，變得能夠開心滿懷期待守護孩子了」的開心報告。

請各位務必透過「9大智能」觀察孩子，嘗試運用「閃耀法則」啓發各項智能。

獻給未來綻放閃耀光芒的孩子們。

但願每個孩子都能將自己獨一無二的才能發揮到最大極限，綻放光彩……。

在此我要誠摯感謝一直支持著我的家人、相關工作人員，以及合作愉快的KANKI出版社的古川有衣子小姐。

2020年2月　伊藤　美佳

請盡情享受
養育孩子的樂趣吧 !!

情境漫畫圖解

蒙特梭利×多元智能親子教育

MONTESSORI EDUCATION × MULTIPLE INTELLIGENCE

二〇二一年三月第一次印刷
二〇二一年十二月第二次印刷

著　　者｜伊藤美佳
插　　畫｜齊藤恵
譯　　者｜王韶瑜
總 編 輯｜賴巧凌
編　　輯｜陳亭安
封面設計｜王舒玗
出　　版｜萬里機構出版有限公司
地　　址｜香港北角英皇道499號北角工業大廈20樓
電　　話｜(852)2564-7511
傳　　真｜(852)2565-5539
網　　址｜http://www.wanlibk.com
　　　　　http://www.facebook.com/wanlibk
電　　郵｜info@wanlibk.com
製 版 廠｜造極彩色印刷製版股份有限公司
地　　址｜新北市中和區中山路二段380巷7號1樓
電　　話｜(02)2240-0333‧(02)2248-3904
印 刷 廠｜皇甫彩藝印刷股份有限公司

港澳地區發行代理
香港聯合書刊物流有限公司

地　　址｜香港荃灣德士古道220-248號荃灣工業中心16樓
電　　話｜(852)2150-2100
傳　　真｜(852)2407-3062
電　　郵｜info@suplogistics.com.hk
網　　址｜http://www.suplogistics.com.hk/

Printed in Taiwan, China.